Nils Uddenberg

LE VIEIL HOMME ET LE CHAT

Roman

Traduit du suédois par Carine Bruy

NAMI POCHE

À Lotta, Daniel,
Samuel
et Elias.
Pour avoir rendu Minette possible !

AVANT-PROPOS DE L'AUTEUR

Je suis médecin de formation, bardé des titres de docteur en psychiatrie et en philosophie empirique. Le gouvernement m'a, par ailleurs, fait l'honneur de m'élever au grade de « professeur ». Moi, je me considère comme un auteur. Au fil des ans, j'ai publié un grand nombre d'ouvrages, dont certains se sont relativement bien vendus.

Depuis peu, je suis propriétaire d'un chat. Enfin, je crois plutôt que c'est le chat qui me possède. Comment j'en suis arrivé là alors que je m'étais promis de ne jamais avoir d'animal de compagnie est l'histoire de ce livre. Une histoire banale, voire un peu niaise. Mais j'ai plus de soixante-dix ans, je n'ai aucun statut à protéger, je n'ai plus à me battre pour faire carrière. Je peux me permettre ce récit. Comme beaucoup d'hommes mûrs, je suis assez sensible et j'ai facilement la larme à l'œil. Ce chat, en revanche, comme cela ne tardera pas à apparaître, est doté d'une volonté de fer, d'une détermination aussi méthodique que non violente. Le face-à-face n'a jamais tourné à la confrontation, mais, à la longue, l'animal m'a imposé ses desiderata.

Tout a commencé au retour d'un voyage…

1

Fin octobre, mon épouse et moi sommes rentrés de Namibie. J'ai toujours aimé voyager et ce n'était pas notre premier séjour en Afrique. Durant deux semaines, nous avons sillonné le désert en 4 × 4, visité d'immenses parcs nationaux sans croiser âme qui vive, et vu des éléphants, des zèbres et quantité d'antilopes graciles se mouvoir dans les étendues sauvages. Nous avons bien sûr admiré les incontournables grands félins, lions et autres léopards, bien que, cette fois-ci, ils se soient montrés plus rares.

Nous habitons une petite maison au centre de Lund. Notre jardin est entouré d'une palissade presque intégralement recouverte de lierre, dont le portail est toujours fermé à clé. Un matin – c'était à peu près une semaine après notre retour –, alors que j'ouvrais le rideau de notre chambre pour laisser entrer la lumière d'automne blafarde, j'ai vu un chat assis sur le portail, qui me considérait de ses grands yeux jaunes et ronds. C'était un petit animal tigré brun et gris, sans aucune tache blanche. Nous ne l'avions jamais vu avant, et j'ai supposé qu'il appartenait à un de nos voisins.

Il est revenu chacun des jours suivants. Il ne nous a pas fallu longtemps pour comprendre qu'il trouvait refuge dans la remise de jardin contiguë au préau où nous garons notre voiture. Plusieurs fois, je suis allé chercher des objets dans l'abri. Le chat était là, dans le panier où je rangeais mes outils, levant les yeux sur moi. Visiblement, il passait ses nuits dans cet asile providentiel à l'écart du vent, du froid et de la pluie. Quelques jours plus tard, quand nous avons jeté un coup d'œil dans la remise, nous l'avons trouvé roulé en boule. Cela ne devait pas être particulièrement confortable, car personne n'a vraiment envie de partager sa couche avec des outils. Seuls mes gants de jardinage étaient susceptibles de lui apporter un peu de confort.

Nous possédons un appartement à Stockholm et y sommes allés pendant presque deux semaines. Pendant tout ce temps, nous avons espéré que le chat comprendrait qu'il avait misé sur le mauvais cheval, qu'il se rendrait compte qu'il avait tout à gagner à rentrer chez lui ou à se trouver un autre bienfaiteur. Mais à notre retour, il était toujours dans notre remise ; il nous a regardés ouvrir la porte.

Cette année-là, l'hiver était précoce et notre petit palais des courants d'air n'était sans doute pas l'endroit idéal pour passer les rudes nuits de la mauvaise saison. Cependant, le chat ne semblait pas en souffrir. Il avait l'air en bonne santé, alerte, et sa fourrure était aussi épaisse que brillante. Mais comment diable se nourrissait-il ? Avait-il dans le quartier un maître auprès duquel se ravitailler de temps à autre ? À moins que…

Les yeux des chats ont quelque chose de particulier. Ils sont grands et orientés complètement vers l'avant. À l'instar des hommes et d'autres primates, les chats possèdent une vision tridimensionnelle. Par ailleurs, ils ne détournent pas le regard, mais le soutiennent, exactement comme les jeunes enfants. Il est facile d'y lire une imploration, voire une réprobation.

Quoi qu'il en soit, la compassion a pris le dessus. Nous avons évacué les outils de jardin et déposé une vieille serviette de toilette dans le fond du panier. Notre fils, qui était venu nous rendre visite avec sa famille quelques mois plus tôt, avait oublié les croquettes de leur chien. Nous avons supposé que les chats en mangeaient aussi. Nous en avons donc déposé une petite quantité sur une soucoupe, que nous avons placée dehors ; il était hors de question de laisser entrer le chat dans la maison. Il a d'abord reniflé la nourriture avec une certaine circonspection, puis il s'est mis à manger. Avec avidité ; il était de toute évidence affamé.

À nouveau, nous avons effectué un séjour à Stockholm d'environ deux semaines. À notre retour, nous avons trouvé la maison sous la neige et je suis allé chercher une pelle dans la remise pour dégager les congères qui s'étaient formées sur notre place de stationnement. LE CHAT ÉTAIT ENCORE LÀ !

Que faire ? À Stockholm, nous avions pas mal parlé du chat. En fait, nous espérions qu'il serait parti. Après tout, nous ne nous étions pas montrés très accueillants à son égard. Bien sûr, c'était un beau petit chat en bonne santé, et nous n'avons rien contre lui, mais nous passons souvent de longues périodes dans notre appartement de la capitale et nous voyageons régulièrement. Notre style de vie est tout simplement incompatible avec le fait d'avoir un chat. Un chat doit pouvoir compter sur ses hôtes et nous ne sommes pas des modèles de stabilité.

Nous nous sommes convaincus qu'il était juste égaré. Un petit chat au pelage gris-brun manquait sans doute à une personne du voisinage. Nous avons passé une annonce. Un habitant du quartier y a répondu et nous a demandé si son chat causait des dégâts chez nous. Pas du tout, avons-nous répondu. En réalité, son chat n'était pas perdu, ce n'était pas lui qui avait pris ses quartiers dans notre cabanon. Aucune autre personne ne se manifestant, nous avons retiré notre annonce. Nous nous retrouvions là, plus ou moins impuissants, avec un chat qui avait élu domicile chez nous.

À l'épicerie de quartier, il y avait une affichette appelant aux dons pour une association recueillant les chats errants. Ces gens devaient aimer les chats et avoir l'habitude de prendre en charge des matous égarés. Peut-être pourraient-ils nous aider à trouver un foyer pour notre minou. Nous les contactâmes. Oui, oui, ils comprenaient notre problème et appréciaient que nous nous soyons tournés vers eux, mais leur refuge était plein ; il débordait même.

Restait la police. J'ai donc appelé le commissariat. Une femme à la voix amicale m'a répondu et, un peu honteux, je lui ai expliqué que je n'avais pas de délit à signaler, mais juste une question stupide à poser : « Que fait-on lorsqu'un chat a investi son jardin ? » Peut-être quelqu'un avait-il signalé la disparition de son animal… On me mit en relation avec une autre dame aimable, une policière cette fois, qui consulta le registre des chats disparus. Aucun ne correspondait à la description du nôtre.

La discussion s'est poursuivie et j'ai admis que nous avions du mal à ne pas répondre aux tentatives de rapprochement du chat. Nous avions des scrupules à laisser cette petite créature têtue passer les glaciales nuits d'hiver dehors. Mon interlocutrice se montra très compréhensive ; peut-être avait-elle elle-même un animal domestique. Elle m'expliqua que les chats ne résistaient pas au froid extrême. Leurs oreilles et le bout de leur queue pouvaient geler et ils avaient besoin de nourriture pour se constituer une couche de graisse. Bien sûr, répondis-je, je comprenais.

Mais quelle attitude adopter alors ? Car je ne pouvais vraiment pas prendre cette petite bête chez moi. Le plus important, m'a répondu la policière, c'était de ne jamais la nourrir. Les chats sont en perpétuelle quête de nourriture et, si on leur en donne, ils restent. J'ai reconnu avec culpabilité que la compassion l'avait emporté et que nous l'avions nourrie à plusieurs reprises. Mais, ai-je précisé, comme pour affirmer la fermeté de nos principes, c'était toujours dehors, ce qui était presque vrai. Sans la moindre nuance de reproche, mon interlocutrice m'a répondu que cela avait sans doute suffi. Notre chat nous considérait déjà comme une ressource qu'il s'agissait d'exploiter. Je n'ai que trop bien saisi ce qu'elle voulait dire.

Pour autant, poursuivit-elle, la police disposait de cages de transport et pouvait venir le chercher, à condition que nous parvenions à l'attraper. Je lui ai répondu que la capture était un moindre problème étant donné que le petit animal cherchait notre contact dès que nous nous montrions. Mais que ferait la police du chat ? ai-je demandé. Eh bien, m'informa l'agente, ils l'amèneraient dans un refuge qui trouverait peut-être une personne prête à l'adopter. Dans le pire des cas, il faudrait l'euthanasier. Je me suis rappelé les expériences auxquelles j'avais procédé sur des chats dans ma jeunesse, lorsque je travaillais en tant que médecin et chercheur dans un institut de physiologie. Je n'en ai pas demandé davantage. Je l'ai remerciée pour son amabilité et j'ai raccroché.

Une voix en moi avait hurlé : « Non ! » En nous courtisant avec opiniâtreté, le chat nous avait témoigné une forme de confiance qui me touchait, malgré moi. Laisser la police s'emparer de lui m'était apparu comme une trahison. Je préférais encore l'emmener moi-même à la clinique vétérinaire et payer pour qu'il soit euthanasié de la manière la plus douce possible. Une belle mort était le moins que je puisse lui offrir. J'avais commencé à assumer la responsabilité du bien-être du chat.

Nous avons continué à le nourrir de temps à autre, puis notre apitoiement grandit au fur et à mesure que la neige s'amoncelait et que les températures chutaient. Je me disais que les lynx et les chats sauvages survivaient à des hivers rudes, mais seulement s'ils avaient accès à de la nourriture. Une fois le fond de sac oublié par notre fils épuisé, nous donnâmes nos propres restes au chat : de la saucisse, du poulet et du gratin de poisson. Bon, l'animal les mangeait, mais il se montrait un peu réservé, et il ne s'est pas écoulé bien longtemps avant que nous achetions des croquettes au thon. Je me suis senti un peu ridicule en posant le paquet sur le tapis, devant la caissière que nous connaissions bien. Je n'étais pas du genre à acheter de la nourriture pour chats. Cela jurait avec la représentation que je me faisais de moi-même et j'ai éprouvé le besoin de me justifier : « Un petit chat s'est installé dans notre abri de jardin et il nous fait de la peine. » « Il va rester, si vous le nourrissez », a-t-elle répondu. Elle semblait très convaincue ; peut-être avait-elle connu une expérience similaire. Bien sûr qu'il va rester, me suis-je dit en poussant un soupir.

Le minet était aux anges quand nous sommes revenus avec ces victuailles. Les fabricants de croquettes savent manifestement ce qui séduit les papilles des chats. Par ailleurs, un sachet durait longtemps et ne coûtait pas cher. Nous avons donc veillé à toujours en avoir en réserve.

Le processus a été si graduel que c'est presque à notre insu que nous avons commencé à considérer cette petite bête comme un élément de notre quotidien. Je me suis aperçu un jour que la question « Où est le chat ? » était désormais l'une de nos phrases les plus fréquentes. Sans jamais l'avoir décidé, nous étions devenus les propriétaires d'un chat.

Pour autant, je n'étais toujours pas convaincu que notre style de vie était compatible avec cet état de fait. Notre fille, qui avait vu l'animal plusieurs fois, est venue à notre rescousse. Nous lui avions confié notre dilemme et elle avait répliqué avec assurance que nous étions « un couple à chat ». La présence de cet animal dans notre vie nous faisait tout simplement du bien. Et puis elle aussi s'était laissé charmer par notre petite bête et ses deux fils parlaient avec enthousiasme du chat de mamie et papi. Notre gendre, en revanche, était intraitable : il ne voulait pas de chat dans sa maison. Notre fille, qui est assistante sociale et a l'habitude de gérer les problèmes tant pratiques qu'émotionnels des gens, a alors décrété : « Nous

nous en occuperons à tour de rôle. Je me charge du matou les semaines où vous êtes à Stockholm. » L'affaire était réglée. Le chat resterait.

Pendant la période de Noël, je n'avais pas vraiment de raison de me rendre à Stockholm et il s'est écoulé presque un mois et demi sans que nous nous absentions. Un petit train-train s'est alors mis en place. « Notre petit minet » – c'est ainsi que nous l'appelions désormais – dormait toujours dans l'abri de jardin. Le traitions-nous ainsi parce que nous étions toujours réticents à l'adopter, ou cherchions-nous à mettre sa détermination à l'épreuve ?

Cette dernière ne faisait pourtant aucun doute. Lorsque nous ouvrions le volet de notre chambre le matin, le chat était assis sur le portail, dans la neige, ou carrément sur l'appui de fenêtre. D'autres fois, il arrivait en courant dans l'allée que nos petits-enfants avaient déblayée à son intention, entre le cabanon et la maison. Dès que nous touchions la poignée de la fenêtre, il apparaissait. Attendait-il que nous nous réveillions ? Nous entendait-il quand nous commencions à bouger ? Un bond, et il était dans la chambre, puis une rapide promenade jusqu'à la cuisine pour vérifier s'il y avait de la nourriture et du lait. Oui, il y en avait. À l'intérieur de la maison désormais.

Lorsque, très rarement, le chat n'apparaissait pas sur-le-champ, je m'apercevais avec étonnement et irritation que j'éprouvais alors de l'inquiétude. Où était-il passé ? Lui était-il arrivé quelque chose ? Etait-il mécontent et nous avait-il remplacés ? Le chat n'était pas le seul à s'être attaché à nous, ou plutôt à notre jardin et notre maison ; nous aussi nous étions entichés de lui.

Je déteste l'hiver. Moi qui suis originaire de Scanie, je n'ai jamais goûté les températures négatives et les congères. Mes pieds ne sont adaptés ni aux patins à glace ni aux skis. Pour moi, la neige n'est qu'un obstacle qui rend les rues impraticables. Un calvaire, vraiment, et mon humeur s'en ressent. On cherche souvent à me consoler en affirmant que la neige apporte de la luminosité. Oui, tout à fait, j'en conviens, mais je n'hésite pas à choisir l'obscurité et la mobilité. J'estime les douces journées d'hiver brumeuses infiniment préférables à toute neige fraîche, aussi baignée de soleil fût-elle.

Le chat s'est révélé une source inattendue de bonne humeur. Un matin, comme à son habitude, il nous considérait de ses grands yeux ronds depuis le rebord de la fenêtre. Pour pouvoir entrer, il fallait qu'il recule ou qu'il saute à nouveau dans la neige avant de bondir à la bonne fenêtre. Il a regardé autour de lui, observé la neige avec dégoût et choisi de reculer. Mais faire marche arrière sur un étroit rejingot enneigé n'est pas aisé, même pour un chat agile. Sa manœuvre était si comique que je n'ai pas pu m'empêcher d'éclater de rire. Mon humeur maussade s'est instantanément dissipée.

Certes, la petite bête nous avait causé quelques soucis, surtout quand nous avions cherché à nous en débarrasser, mais il était indéniable qu'elle nous apportait également de la joie. Nous t'aidons à survivre à l'hiver, mais tu nous aides aussi.

La neige est tombée en abondance cet hiver-là et s'est accumulée sur notre vieux toit, dont les plaques de fibrociment commençaient lentement à rendre les armes après cinquante ans de bons et loyaux services. Quand le dégel arriva, les premières fuites se manifestèrent. Pour tenter de remédier au problème, nous avons installé des échelles et essayé d'évacuer la neige. C'était un dur labeur, car les chéneaux étaient remplis de glace et les gouttières bloquées par d'impressionnantes stalactites. Tandis que nous peinions et jurions, le chat était ravi ; manifestement, il adorait grimper aux échelles. Nous nous sommes demandé comment il allait faire pour redescendre. Eh bien, cela ne lui a causé aucune difficulté. Avec calme et prudence, il a posé les pattes sur les échelons de l'échelle et est descendu avec une extrême élégance. Mon épouse a dégainé sa caméra. C'était tellement mignon. Notre petit minou était à la fois assez souple et futé pour se tirer d'une situation difficile. Nous étions presque fiers.

À partir de là, nous étions cuits ! Son art de la séduction avait brisé notre résistance. Il avait gagné. Je pense même qu'il n'a jamais douté de sa victoire finale. Sinon, il n'aurait pas fait preuve d'une détermination si méthodique.

Plusieurs de mes amis sont tombés amoureux d'une nouvelle femme, souvent sensiblement plus jeune qu'eux. Il serait malhonnête de prétendre que l'idée d'expérimenter l'emballement amoureux qui rajeunit le corps et les sens ne m'a jamais tenté, mais je n'en ai pas la force. Et puis, je n'ai aucune raison de le faire ; mon épouse et moi avons traversé une longue partie de notre existence côte à côte et nous nous entendons à merveille. Aucune tocade ne pourrait compenser sa perte. Finalement, il est nettement plus simple et sage de s'amouracher – car c'est bien ce dont il s'agit – d'un chat.

Je suis le premier surpris des sentiments que j'éprouve pour notre chat. Ce qui m'est arrivé s'apparente à un coup de foudre. Lui aussi s'est attaché à nous et nous est raisonnablement fidèle. Au bout du compte, il a une assez grande influence sur ma vie. Ainsi, sans avoir à divorcer, je peux m'engager d'une manière que je n'aurais jamais imaginée dans une nouvelle aventure. Notre fille dit que ce chat me donne un coup de jeune. Elle n'a sans doute pas tort.

2

J'ai toujours été fasciné par les animaux. Quand j'étais enfant, j'habitais dans un pavillon où il y avait de la place pour une modeste ménagerie. Dans ma chambre, j'avais un aquarium et deux terrariums, l'un abritant des scarabées, l'autre, sensiblement plus grand, avec des lézards vert émeraude, des tortues terrestres grecques et des couleuvres. J'avais aussi deux volières où évoluaient perruches, mandarins, chardonnerets et autres passereaux. La nuit, j'entendais parfois des souris grimper aux rideaux pour accéder aux graines dans la mangeoire des oiseaux. La plupart des gens n'auraient sans doute pas apprécié d'abriter les acrobaties nocturnes de rongeurs dans leur chambre. Moi, je trouvais ça charmant.

Notre famille comptait également un chien – un caniche royal noir – et une élégante chatte européenne tigrée, Dame Minette, qui un jour donna naissance à un chaton de la même couleur qu'elle. Nous le trouvions balourd et l'avions baptisé Monsieur Pataud, même si, la plupart du temps, nous disions juste Patapouf.

Ces animaux occupaient une grande partie de mon temps. Promener le chien ne me demandait pas trop d'efforts et j'avais souvent la compagnie de mon père ou de quelqu'un d'autre. Je ne me souviens pas avoir jamais eu à m'inquiéter de la nourriture pour le chien ou les chats. Aux oiseaux, je donnais des graines et, aux poissons, des flocons lyophilisés ainsi que, de temps à autre, des daphnies provenant de l'animalerie et d'un étang voisin. C'était plus compliqué pour les occupants des terrariums. Les tortues avaient besoin de verdure fraîche et s'alimentaient avec difficulté ; les lézards appréciaient les vers de terre, qu'on pouvait trouver dans le jardin en se donnant un peu de peine. Le pire, c'était les couleuvres ; il leur fallait de la nourriture vivante, de préférence des grenouilles. Longtemps, j'ai quand même trouvé du plaisir à m'occuper de ma ménagerie.

Puis un jour – je devais avoir seize ou dix-sept ans –, je pris une décision irrévocable : j'allais me débarrasser de mes animaux ; je ne voulais plus assumer cette responsabilité. J'ai consacré un week-end entier à me séparer de mon zoo domestique. Les couleuvres n'étaient pas un problème : il suffisait de les relâcher à un endroit approprié. Les scarabées étaient endémiques et prirent donc le même chemin. Un professeur de biologie terrariophile récupéra les tortues et les lézards. Il s'était montré un peu réticent au départ, craignant sans doute que mes bestioles ne soient porteuses de germes susceptibles de contaminer ses propres créatures, sensiblement plus précieuses. Mais il avait perçu ma détresse et s'était laissé convaincre. Les poissons moururent de « fin naturelle ». Ce fut le gourami bleu qui vécut le plus longtemps. Pour autant que je me souviens, les oiseaux déménagèrent dans la chambre de ma petite sœur, qui s'intéressait aux volatiles. Le chien et les chats étaient la responsabilité de toute la famille et c'était à eux que nous étions le plus attachés.

Dans ma vie, lorsque j'ai eu à prendre des décisions essentielles, comme me marier, il me semble qu'en général le processus a été réfléchi et graduel. Or, dans ce cas, c'est comme une évidence absolue et tout à fait soudaine qu'il m'est apparu que je ne prendrais plus jamais soin d'animaux familiers. J'ai respecté cette décision pendant presque soixante ans.

Aujourd'hui, ce chat est dans son panier sur mon bureau et me rappelle ceux de ma jeunesse. Ils me tenaient compagnie lorsque je faisais mes devoirs, s'installant volontiers sous ma lampe de bureau, un endroit chaud et confortable.

Cependant, même si j'avais pris la décision inébranlable de ne plus jamais assumer la responsabilité d'animaux domestiques, je m'intéressais toujours autant aux bêtes. J'ai continué à collectionner les scarabées (morts toutefois) et à observer les oiseaux. C'était beaucoup plus simple que de posséder des animaux vivants.

J'ai sans doute une inclination particulière pour les chats. Dame Minette, à moins que ce n'ait été Monsieur Pataud, dormait généralement dans mon lit. C'était probablement après le déménagement des oiseaux et, par conséquent, des souris. Je me souviens qu'un jour Monsieur Pataud avait glissé dans la baignoire pleine d'eau. Il était terrorisé et trempé. Quand nous l'avons aidé à en sortir, il s'est précipité dans ma chambre et s'est réfugié dans mon lit. Cette réaction m'avait ému.

Le samedi soir, quand je n'avais pas de devoirs, je m'étendais sur mon lit pour écouter *Karusellen*, une émission de radio très populaire animée par Lennart Hyland, qui est ensuite devenu la première idole du petit écran de notre pays. Monsieur Pataud était à côté de moi et c'était comme un cocon douillet.

En réalité, les chats n'ont jamais vraiment quitté mon univers. Ma mère, qui s'est retrouvée veuve alors qu'elle n'avait qu'une cinquantaine d'années, a toujours eu des chiens et des chats. Je crois que cela la réconfortait. Elle n'était pas très sociable, mais aimait avoir de la vie autour d'elle. En fait, c'étaient les chats qui lui convenaient le mieux, parce que moins contraignants. Les chiens réclament de longues promenades, ce qui n'a jamais été la tasse de thé de ma mère.

Evidemment, je n'ai jamais été aussi proche des chats de ma mère que de Dame Minette et Monsieur Pataud. Je les caressais volontiers, leur parlais et m'intéressais à eux, mais je me disais : non, je n'aurai pas de chat ou de chien. J'en étais sûr. Absolument sûr.

Au fil du temps, ma mère est devenue « une femme à chats ». En plus de ses chats de race bien vivants – jamais plus d'un à la fois heureusement –, elle avait une collection d'une centaine de chats en céramique, porcelaine, métal et papier mâché. Certaines pièces étaient des trouvailles banales sur des marchés aux puces ; beaucoup d'autres étaient des cadeaux de ses enfants et petits-enfants, qui ne savaient pas quoi lui offrir pour Noël ou son anniversaire. Quelques-unes étaient de véritables œuvres d'art, qui lui avaient coûté une belle somme. J'en ai gardé de la dernière catégorie et elles ornent mon intérieur. Cependant, je n'achèterai jamais un de ces chats en porcelaine. Enfin, je crois, est-il plus prudent d'ajouter.

La beauté des félins, leur côté farouche et leur instinct de prédation fascinent les humains, et les artistes, de tout temps, en ont fait un sujet d'étude privilégié. Si certains créent des objets avant tout décoratifs, comme les chats en porcelaine bariolée de ma mère, d'autres expriment des messages plus profonds.

Jadis, les despotes des pays orientaux se faisaient volontiers immortaliser lors de chasses au lion. D'élégants reliefs de Ninive montrent Assurbanipal, le roi des rois, sur son char de guerre, une flèche engagée sur son arc bandé tandis qu'une nuée d'autres flèches volent vers les animaux en fuite. Une image le représente plongeant sa lance dans le corps musclé d'une lionne. L'animal à l'agonie révèle ses crocs en se retournant vers son agresseur, hurlant sa rage et sa douleur. La scène est une célébration du chasseur royal : celui qui est capable de soumettre un tel animal sauvage est un homme très puissant. En tant que symbole héraldique, le lion est sans égal. D'innombrables armoiries et entrées de châteaux sont ornées de ce grand fauve. Tout chez lui est redoutable et grandiose.

Dans l'Egypte ancienne, qui est peut-être le berceau de toutes les races de chats domestiques, c'était ces modestes félins qu'on vénérait, plutôt que sa majesté le lion. Certes la déesse Bast, Bastet ou Ubasti était au départ une lionne, mais elle évolua peu à peu vers la chatte apprivoisée. Il ne faut pas voir là une rétrogradation, car Bastet occupait manifestement une place de choix dans le cœur des anciens Egyptiens. Il y a quantité d'images et de statues de la déesse et, sur certaines, elle est entourée d'une portée de chatons. Les chats ayant toujours eu la réputation d'être fertiles, une femme qui ne concevait pas avait toutes les raisons de s'en remettre à Bastet. Les archéologues ont découvert des centaines de momies de chats dans des temples qui lui étaient dédiés. Lorsque le chat d'un foyer décédait, si la famille était suffisamment riche, elle le faisait embaumer, et l'enterrait dans l'une de ces « nécropoles pour chats ».

Le culte égyptien des chats a un côté plaisant, sympathique. Les chats sont des compagnons du quotidien, des êtres paisibles, qui ne se font pas remarquer. Pour autant, ils possèdent un certain charisme. Même notre petite bête a une allure de déesse lorsqu'elle s'installe ostensiblement à l'endroit le plus confortable de la maison. Je la

trouve finalement plus digne d'être vénérée que les lions portés aux nues par les potentats de tout temps, mais qui, à y regarder de plus près, se révèlent être des poltrons paresseux, qui tuent des enfants, laissent les femelles chasser et taillent en pièces leurs propres petits.

Bien sûr, les grands fauves, lions, léopards et autres tigres, sont fascinants. Un tigre qui a goûté la chair humaine est le symbole de toute la cruauté que la nature peut déployer, et entendre un lion rugir dans la nuit africaine est une expérience intense. Cependant, le félin de mes rêves est d'un tout autre genre. C'est le plus petit des chats et l'un des plus rares.

La chatte à pieds noirs d'Afrique australe ne pèse pas plus de la moitié du poids de notre petite bête, qui ne dépasse pourtant pas les trois kilos. Le mâle est légèrement plus grand. Très peu de gens connaissent l'existence des chats à pieds noirs, ce qui tend à en faire des objets de fantasmes. Cette espèce est nocturne : ils restent discrets dans la journée, mais, la nuit, ils se faufilent dans l'immense paysage broussailleux du sud de l'Afrique, où ils chassent des campagnols, des sauterelles, des scorpions et autres proies. Chacun de ces petits animaux possède un vaste territoire qu'il protège de tout intrus. Pas question chez eux de vie de groupe comme chez les lions. Ce sont des individualistes forcenés, qui se cramponnent avec détermination à leur nature de prédateurs solitaires. Ils ont par ailleurs le bon sens de se tenir à l'écart des humains. Toutes les tentatives qui ont été faites pour les domestiquer ont échoué.

Parfois, je me dis que notre petit minet ressemble beaucoup à un chat aux pieds noirs. Le bout de ses pattes est aussi noir que les leurs et, même si le motif de sa robe est moins prononcé, elle est plus ou moins de la même couleur. J'imagine alors qu'un peu de sang de chat aux pieds noirs coule dans ses veines. Ce serait une histoire passionnante. Et tant pis si elle est nettement plus grande. Au fil des ans, j'ai observé de nombreux lions, ce dont je suis très heureux, mais apercevoir un chat aux pieds noirs serait beaucoup plus fort, même s'il est peu probable que cela se produise jamais.

L'arrivée de notre chat m'a fait prendre conscience du fait qu'en réalité les chats ont toujours été présents dans ma vie. Je les ai en affection, et c'est réciproque. On dirait presque qu'ils savaient que, tôt ou tard, je succomberais à leur pouvoir de séduction. J'ai grandi avec des chats ; mes deux sœurs ont des chiens et des chats ; mon fils a deux chiens et ma fille assume avec bonheur le rôle de « baby-sitter » pour notre chat. C'est moi, en fait, qui jusqu'ici les ai évités. Mais il était inscrit dans mon destin qu'un jour une déesse domestique aussi petite qu'indépendante ferait irruption dans ma vie.

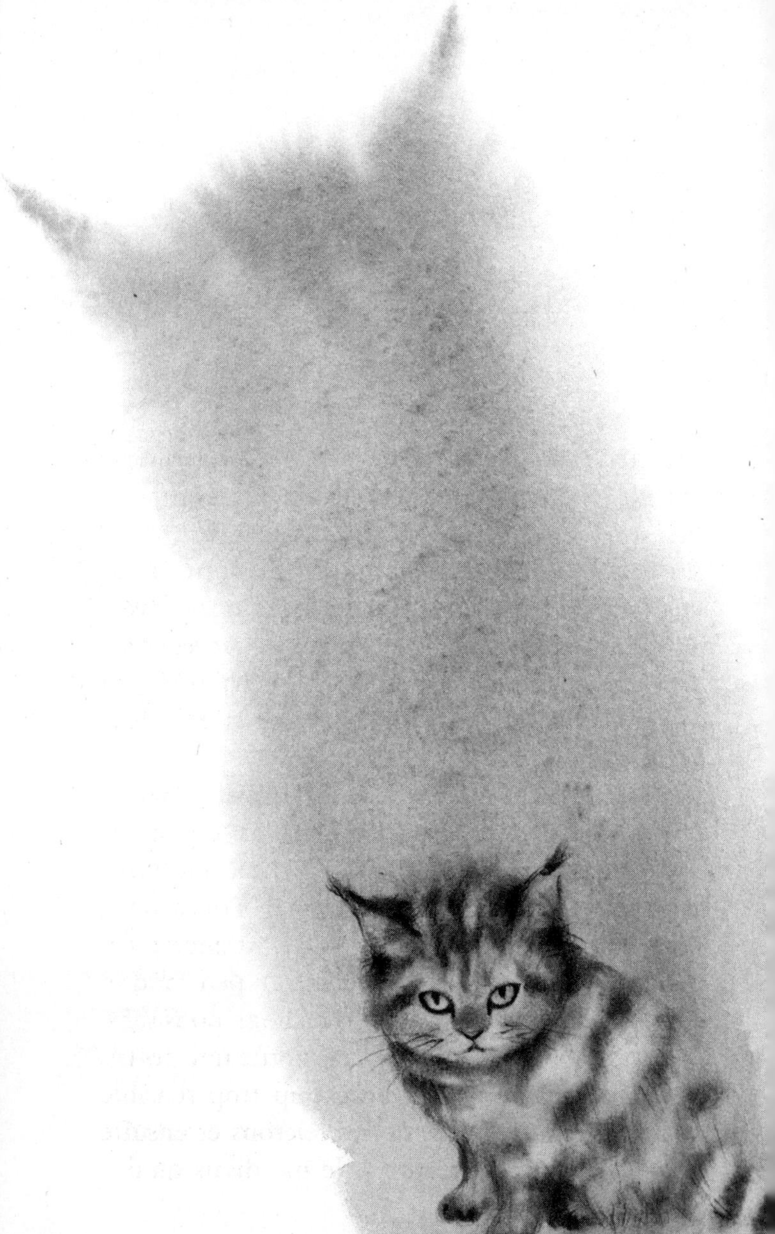

3

Déterminer si un chat est un mâle ou une femelle requiert une inspection approfondie. Les attributs du mâle ne sautent pas aux yeux. Au début de notre relation avec le nôtre, nous n'étions pas sûrs de son sexe. Et l'idée d'avoir un matou ne nous enchantait guère, car les chats non castrés ont parfois la fâcheuse habitude de marquer leur territoire en déposant çà et là leur urine malodorante.

Nous avons donc examiné le chat avec minutie. Comme nous le soupçonnions depuis le départ, c'était bien une femelle. Juste avant Noël, alors qu'elle venait d'arriver chez nous, nous nous étions même demandé si elle attendait des petits. Nous trouvions son ventre un peu rond et je me faisais déjà du souci : qu'allions-nous faire si elle revenait un beau jour avec toute une portée de jolis chatons. Je suis beaucoup trop sensible pour séparer une mère de ses rejetons et ensuite occire les pauvres créatures. Je me disais qu'il y avait peut-être un vétérinaire dans le secteur qui pourrait les euthanasier sans cruauté. Car nous ne pouvions pas assumer la responsabilité de chatons ; c'était tout simplement exclu.

Aucun chaton n'a fait son apparition et nous avons poussé un soupir de soulagement. Notre minette s'est affinée au fil du temps et j'ai émis l'hypothèse que son ventre rond venait d'un œdème lié à la faim. Lorsqu'on souffre d'une carence en protéines, la cavité abdominale se remplit de liquide et gonfle. D'où l'impression trompeuse d'un embonpoint, comme chez les enfants des pays où sévit la famine. Or notre Minette n'a sans doute pas fait particulièrement bombance lorsqu'elle était à la rue durant l'automne et le début de l'hiver. Cela peut sembler choquant d'établir pareille comparaison, mais nous autres, êtres humains, sommes ainsi faits que nous sommes touchés par ce que nous voyons dans notre environnement immédiat, alors que nous fermons les yeux sur ce qui ne nous concerne pas d'aussi près.

C'est après Noël que nous avons compris que le chat avait la ferme intention de rester. Comment nous allions gérer la situation était notre problème. Une chose était sûre, cependant : nous ne voulions pas de chatons. Donner la pilule à Minette nous semblait problématique, d'autant qu'elle est extrêmement fine gueule. Il ne restait donc plus qu'à la faire stériliser. Nous avons contacté un vétérinaire du quartier et pris rendez-vous.

Jusque-là, Minette dormait dehors la nuit. Nous nous disions qu'elle était peut-être un mélange de chat domestique et de chat de ferme. La solution nous semblait bonne : elle comme nous pourrions conserver une plus grande part de notre liberté. Nous avions installé dans l'abri de jardin un panier confortable et la météo était désormais plus clémente. Minette ne souffrait donc vraisemblablement pas dans son panier. Mais lorsqu'elle devait quitter la maison le soir, elle n'était pas toujours très enthousiaste et nous devions fermer la fenêtre de notre chambre pour l'empêcher d'y rentrer immédiatement d'un bond. Le matin, dès que nous ouvrions, elle arrivait en courant.

La nuit précédant son opération, nous l'avons gardée à l'intérieur, ce qu'elle a bien volontiers accepté. Il fallait que nous puissions la localiser et elle devait rester à jeun. Le matin, elle était la chatte en pleine forme à laquelle nous étions habitués ; elle bondissait sur les meubles et réclamait des caresses. Elle avait même la politesse de sauter dans le lavabo pour uriner. Nous avons posé la valise de transport sur la table de la cuisine. L'objet l'a intéressée et elle s'est mise à le renifler de tous côtés. J'ai quitté la pièce et, à mon retour, elle s'y était installée d'elle-même.

Il m'a alors suffi de remonter la fermeture éclair et de l'emmener dans la voiture.

Je ne m'étais encore jamais rendu dans une clinique vétérinaire. L'endroit me fit l'effet d'une terre inconnue. Parmi les grands chiens qui étaient là, certains se reconnaissaient et manifestaient un début d'enthousiasme. Mais beaucoup avaient l'air anxieux, plus ou moins comme des enfants sur le point de recevoir un vaccin à l'école. L'un d'eux jappait d'un air plaintif ; un autre monta sur la balance : quarante-six kilos. Notre petite minette, qui en pesait à peine trois, paraissait minuscule.

Dans cet environnement étranger plein de maîtres et maîtresses aimants, de brochures pour des assurances ou des conseils quant à la manière de garder son animal svelte et en pleine forme, je me sentais un peu déplacé. Que faisais-je là ? Il m'apparut progressivement que j'étais sur le point de devenir un maître parmi d'autres. Qu'est-ce que cette créature féline était en train de faire de moi, bon sang ? Etait-ce vraiment ce que je voulais ?

L'attitude du vétérinaire fut professionnelle et sympathique. Je lui expliquai que nous avions trouvé notre chatte dans notre jardin et ignorions d'où elle venait. Il nous a répondu qu'il devait donc l'examiner pour voir si elle ne portait pas de puce et n'était pas déjà enregistrée au nom de quelqu'un. Si tel avait été le cas, il n'aurait pas pu la stériliser. Cela me rendit nerveux. Je la considérais comme notre chatte désormais. Heureusement, elle ne figurait dans aucun fichier. Il allait falloir la pucer afin de l'enregistrer sous notre nom et la vacciner contre le typhus et le calcivirus. Ces démarches coûtaient plusieurs centaines de couronnes, mais je n'ai pas protesté. Je lui ai juste dit avec une certaine maladresse que nous nous entendions assez bien avec cette chatte, qu'elle était certainement en train de devenir la nôtre et que je voulais évidemment qu'elle aille aussi bien que possible.

Durant tout ce temps, une petite voix à l'intérieur de moi ne cessait de répéter : tu n'es pas du genre à avoir des animaux domestiques. Es-tu seulement capable d'assumer les responsabilités d'un propriétaire de chat ? Mais j'étais là, dans le cabinet du vétérinaire, aussi impuissant qu'un adolescent amoureux pour la première fois. Le type m'a alors demandé comment nous appelions notre chatte. Quelques secondes plus tard, son nom de baptême était inscrit dans son dossier médical : Minette, officiellement domiciliée à notre adresse.

Après avoir laissé la chatte, ma femme et moi sommes allés observer les oiseaux. Il nous fallait tuer le temps. Nous aurions été mal à l'aise à tourner en rond à la maison pendant qu'on opérait Minette. Nous avons repéré, entre autres, un élégant aigle royal ; l'ornithologie, une activité familière, nous apportait un sentiment de sécurité.

Vers quatorze heures, nous sommes allés la récupérer. Puis nous nous sommes rendus dans une animalerie pour acheter un bac et de la litière. Car Minette devait rester confinée au moins une semaine.

À la maison, elle faisait pitié à voir. Encore à moitié anesthésiée, elle titubait sur ses pattes. Elle portait une grande collerette pour l'empêcher de lécher sa plaie et de la rouvrir, mais il était manifeste que l'accessoire n'était pas du tout à son goût. À plusieurs reprises, elle a régurgité. Notre compassion s'est accentuée, un sentiment de culpabilité aussi. Elle n'avait pas demandé ça. Pourtant, il s'agissait d'une condition *sine qua non* à la poursuite de notre vie commune.

Alors que le soir tombait, elle a commencé à retrouver un peu de vigueur. Elle a bondi avec difficulté sur l'appui de la fenêtre de notre chambre, s'y est installée et a contemplé l'obscurité. Son panier dans la remise et le froid lui manquaient-ils ? Voulait-elle retourner auprès des matous qui lui avaient prêté pas mal d'attention ces dernières semaines ? Avait-elle juste besoin de son endroit familier ?

J'étais quant à moi fatigué, très fatigué. Bien sûr, ce n'était pas moi qui avais été anesthésié et à qui on avait ouvert l'abdomen, mais la journée avait été éprouvante. J'étais à présent le propriétaire officiel d'un chat et j'en étais en fait assez heureux. Pourtant, à aucun moment, je n'avais pris la décision d'avoir un chat. J'avais juste essayé de gérer une situation qui s'était imposée à moi.

Il est peut-être temps de vous présenter de manière plus détaillée le petit animal à la fourrure gris-brun qui vient d'être enregistré comme un membre officiel de notre famille. Je vous l'ai déjà dit, Minette ne pèse même pas trois kilos. Le vétérinaire affirme que c'est normal pour une femelle ; moi, je la trouve plus petite que la plupart des chats que j'ai fréquentés.

En effectuant des recherches sur Internet, j'apprends que c'est une *tabby*. C'est ainsi qu'on appelle les chats dont la fourrure est tigrée ou tachetée. Pour être plus précis, c'est une *mackerel tabby*, ce qui signifie qu'elle a des lignes plus foncées et légèrement incurvées sur les flancs. Cette variété de *tabby* est également qualifiée de *common*, tabby commun. Leurs gènes en effet sont dominants ; ils s'expriment même si un seul des parents en est porteur. Pour qu'un chat ait une fourrure différente, il faut donc que ni l'un ni l'autre de ses géniteurs ne soient tabbies. La raison de ce caractère dominant est simple : les chats *mackerel tabby* ressemblent plus ou moins à leurs congénères sauvages depuis des milliers d'années. De fait, cette robe assure un camouflage parfait.

Le visage de Minette est assez amical, avec deux grands yeux orientés vers l'avant. Plusieurs chats du voisinage de plus grande taille – des mâles, je pense – ont de longs museaux pointus, tandis que celui de Minette est court et rond. Ses oreilles triangulaires et proéminentes sont coiffées d'un impressionnant plumet de poils noirs, qui lui confère presque l'apparence d'un lynx. Elle a une toute petite blessure sur le bord extérieur de son oreille gauche. Probablement une séquelle d'une rixe féline, à moins que ce ne soit l'un de ses frères ou sœurs qui la lui ait infligée quand ils étaient en compétition pour avoir accès aux mamelles de leur mère.

Entre ses orteils, Minette a des poils noirs. Lorsqu'elle est allongée avec ses grandes pattes avant croisées avec dignité, ceux-ci forment une ligne noire bien visible le long de ses pieds. Un détail vient écorner un tant soit peu sa beauté : c'est sa queue très courte, même si elle est loin du Manx, dont la queue se réduit à une bosse. Minette semble cependant en être parfaitement satisfaite. Elle la dresse et l'agite avec coquetterie lorsqu'elle s'éloigne de sa démarche sautillante. Elle l'enroule avec grâce autour de son corps lorsqu'elle s'assied. Parfois, elle la tient fermement entre ses quatre pattes et en lèche soigneusement le bout, lequel est orné de cinq marques triangulaires sombres.

La nuit suivant son opération, Minette dort pour la première fois – mais pas pour la dernière, loin de là – sur nos lits. Au cours de la nuit, elle se glisse sur une couverture sur le sol. Lorsque je me réveille et que je vais aux toilettes, je manque de trébucher sur elle et la dépose sur mon lit. Elle s'agite un peu et nous chatouille le visage. Je finis par passer le bras autour d'elle pour qu'elle se tienne tranquille. Elle donne un petit coup de museau contre ma joue, puis quelques coups de langue avant de fermer les yeux. Moi, j'ai plus de mal à m'endormir et, lorsque je me retourne, elle ouvre à nouveau les yeux avant de s'assoupir de plus belle, tel un petit paquet pelucheux, quelque part en haut de mon oreiller. La collerette du vétérinaire frotte contre ma joue, mais, en plaçant l'oreille tout contre, j'entends qu'elle ronronne.

Pourquoi les chats ronronnent-ils ? Comment font-ils ? Tous les félins ronronnent-ils ? Un tigre ronronnant produirait sans doute un son similaire à celui d'une perceuse dans un mur de béton. Je ne m'étais jamais posé ces questions avant et je les soumets à une de mes connaissances, biologiste amateur. Il enquête pour moi et, en fin de compte, j'atterris dans un programme radio en compagnie d'une femme, professeur de zoologie, qui s'efforce avec amabilité de répondre à mes questions. Une fois l'émission finie, elle me donne un article scientifique : un chercheur allemand y présente, avec une grande méticulosité et de nombreuses références bibliographiques, tout le savoir de la science à propos du ronronnement des chats et des félins en général. Il existe bel et bien des signes plus ou moins évidents que pas mal d'autres animaux, les blaireaux par exemple, ronronnent aussi.

La science a quelque chose de merveilleux. Même quand une question paraît totalement futile, il y a toujours quelqu'un qui s'est employé à y répondre avec tout le soin qu'un travail scientifique digne de ce nom requiert.

Le chat, explique la science, possède deux petits plis de peau supplémentaires sur les cordes vocales. Ce sont eux qui vibrent lorsqu'il ronronne. La vibration se produit à la fois à l'inspiration et à l'expiration, plus ou moins comme lorsqu'un violoniste joue en faisant aller et venir son archet. Si on y prête attention, on perçoit une brève pause lorsque le souffle change de direction. En outre, le ronronnement n'est pas qu'un son, tout le corps du chat vibre.

Cet étalage de bien-être se produit, comme on le sait, dans un état de détente manifeste. En réalité, le ronronnement nécessite une certaine énergie, et le métabolisme du chat s'accélère quand il ronronne. Or la nature ne gaspille généralement pas d'énergie pour des futilités, la sélection naturelle y veille. C'est donc que le ronronnement a une fonction.

Lorsqu'un chat ronronne, cela ne s'entend pas de bien loin, de quelques mètres tout au plus. Il s'agit d'un son discret, qui marque la proximité et l'intimité. La perception des vibrations requiert une proximité encore plus grande, puisqu'il faut un contact physique pour les sentir. Tout cela a un effet apaisant sur nous. L'animal est heureux, il se contorsionne de plaisir sous nos caresses.

Personne, toutefois, n'a jamais caressé les ancêtres sauvages africains de nos chats domestiques. La fonction du ronronnement peut donc difficilement être de satisfaire les maîtres et maîtresses. Dans quelles circonstances les félins sauvages ronronnent-ils ? Cela reste leur secret dans une large mesure. Le ronronnement se produit quand l'animal est isolé et il faut s'approcher très près pour le percevoir. Ce qui n'est pas si facile et peut même se révéler carrément dangereux lorsqu'il s'agit de grands fauves. Même les chercheurs les plus passionnés ne vont pas se coller à un tigre, juste pour écouter s'il ronronne.

Nous disposons néanmoins de quelques éléments de réponse. Les femelles ronronnent lorsqu'elles s'accouplent. Elles le font également lorsqu'elles mettent bas, ce qui est plus étrange. Même si l'expérience est moins douloureuse pour un félin que pour une femme, cela reste un moment éprouvant et, comme nous l'avons expliqué, le ronronnement requiert quand même pas mal d'énergie. Quant aux petits, ils ronronnent dès qu'ils font leur apparition dans ce monde. À l'unisson avec leur mère, dans un vibrant cocon de chaleur et de tendresse. Des récits rapportent aussi que les chats blessés ronronnent lorsque le vétérinaire les soigne. Là encore, ces situations ne s'apparentent pas à des moments agréables ou de détente.

Nous autres, humains, pensons en général qu'un chat ronronne pour nous manifester son contentement, plus ou moins comme une personne fredonne. Cela est possible, mais le ronronnement pourrait bien porter un message plus spécifique. Comme une requête, voire une demande d'attention et d'aide. Je n'avais peut-être pas tout à fait tort de me sentir flatté quand, la nuit suivant sa stérilisation, Minette a pressé sa collerette encombrante contre mon visage en ronronnant.

Il semblerait que les tigres ne ronronnent pas, pas plus que les lions et les léopards. Par contre, les lynx le font, en tout cas à l'âge adulte, et les pumas toute leur vie. Il en va de même pour le rapide guépard. Son ronronnement est sonore, puisqu'il s'entend apparemment à cinquante mètres à la ronde. Le cas du chat aux pieds noirs d'Afrique australe, si discret et rarement observé, n'est pas clair. Toutefois, sur les photos que j'ai vues, il présente une ressemblance frappante avec notre petite minette. Je pars donc du principe qu'il ronronne lui aussi, et les dernières découvertes scientifiques vont dans ce sens.

Les jours qui suivent son opération, Minette est déprimée. Je ne trouve pas de terme plus approprié. Elle erre sans entrain, sa collerette autour de la tête. Elle essaie de se libérer de cet accessoire sans grande conviction avant de s'installer à la fenêtre et de regarder dehors. Elle ne mange et ne boit pas beaucoup. Lorsqu'elle baisse la tête pour atteindre la nourriture, le rebord de sa collerette repousse l'assiette. Nous essayons de lui tendre les aliments, mais sans grand succès. Je n'ai pas du tout l'habitude de jouer les gardes-malades pour un chat, mais je n'ai pas le choix. Rien qu'à la voir, nous nous sentons abattus. Elle n'est plus que l'ombre de l'animal enjoué, agile, curieux et joueur que nous aimons.

Au troisième jour, elle reprend du poil de la bête. Elle regarde autour d'elle avec des yeux éveillés et réussit même à se débarrasser de sa collerette. Ivre de bonheur, elle entreprend sur-le-champ de s'humecter les pattes antérieures, puis de se frotter le visage. Nous ne tardons pas à nous apercevoir qu'elle ne s'intéresse pas le moins du monde à sa cicatrice. Elle se lèche pour maintenir sa fourrure propre et, le vétérinaire l'ayant rasée tout autour de cette zone, il n'y a rien à laver à cet endroit. Nous la laissons donc se balader sans sa collerette pendant plusieurs heures et elle redevient bientôt le chat que nous connaissons. Elle déambule dans la maison, s'installe devant les fenêtres, regarde les oiseaux, se met à jouer avec des balles et des noix, et n'en finit plus de ronronner. Notre humeur à tous les trois s'améliore sensiblement et nous décidons d'enfreindre les recommandations du vétérinaire.

Dix jours plus tard, nous nous rendons à la visite de contrôle. Durant la dernière semaine, Minette a passé le plus clair de son temps sans sa collerette, bien que le vétérinaire nous ait indiqué qu'elle devait la garder pendant quinze jours. Elle a même eu le droit d'aller dans le jardin le matin. Nous avons contrôlé sa plaie, qui a bien cicatrisé. Il n'y a que quelques fils à retirer.

Le trajet jusqu'à la clinique vétérinaire est une véritable torture pour elle. À mi-chemin, elle commence à gémir de désespoir en même temps qu'une odeur d'excréments se propage dans l'habitacle. Minette a fait ses besoins sous elle. Le pire de tout, c'est qu'elle risque de se souiller, ce qu'un chat ne veut en aucun cas.

Le retrait des fils est une bagatelle, mais, sur le chemin du retour, le même incident se reproduit et cette fois les dégâts sont plus considérables, mais d'une manière ou d'une autre Minette parvient à ne pas se salir. Nous la lâchons dans l'habitacle – ce qui ne plairait sans doute pas à la police – et, dès que nous arrivons, nous la portons à l'intérieur de la maison.

Elle ne cesse de se débattre, et nous la contenons avec une légère brutalité de crainte que, paniquée, elle ne se sauve sur la chaussée. Une fois dans la maison, elle se précipite sans attendre à son endroit préféré : le pied du lit du maître. Elle se roule en boule et s'endort. Plusieurs heures s'écoulent avant qu'elle ne soit prête à manger et à repartir explorer le monde.

Après son opération, Minette a pris l'habitude de dormir sur nos lits. Nous ne pouvions vraiment pas la laisser dans l'abri de jardin à son retour de la clinique. Elle a accueilli ce surclassement avec reconnaissance. Les chats peuvent supporter beaucoup de choses. Mais lorsqu'ils ont le choix entre le bon et le meilleur, ils choisissent le meilleur. La chaleur de la chambre est sans aucun doute préférable à la froide nuit de mars. La voici donc étendue sur le lit de mon épouse ; toutes deux s'accommodent parfaitement de cet arrangement.

Le matin, quand Minette cherche nos visages, me lèche la joue et ronronne, je songe à la chatte avec ses petits, lorsqu'ils sont collés les uns contre les autres et ronronnent d'aise d'être ensemble. Notre minette stérilisée n'en fera jamais l'expérience. Mais j'éprouve l'envie de lui répondre par un ronronnement et par la même intimité agréable que celle dont elle me gratifie. J'émets de légers gargouillis, mais je ne possède pas ces plis de peau supplémentaires sur les cordes vocales et on dirait surtout que je ronfle. Minette ne semble d'ailleurs pas comprendre mes tentatives bien intentionnées pour imiter son doux chant.

4

Minette a disparu.

La nuit dernière, elle a dormi sur mon lit. Quand je suis allé aux toilettes, à quatre heures, j'ai ouvert la fenêtre et elle en a profité pour sortir. Une heure plus tard, elle était de retour près de nos têtes, nous reniflait et ronronnait. Elle a pris l'habitude de ce rituel ces derniers temps et nous trouvons cela très plaisant. Nous l'avons caressée, mais elle a très vite décidé de sortir à nouveau, la fin de la nuit et l'aube étant ses pics d'activité. Au matin, elle n'était pas là.

Lorsque nous avons pris notre petit déjeuner dans le jardin, je sentais déjà que quelque chose n'était pas comme d'habitude. Minette aime quand nous sommes dehors et reste toujours dans les parages, pas juste à côté de nous, mais à une distance qui lui permet de nous surveiller. Je suis parti me promener, mais je n'ai pas pu apprécier pleinement la nature en fleurs. Peut-être, me disais-je, ne vais-je jamais la revoir.

Son absence a été palpable toute la journée. Mon fils, son épouse et nos petits-enfants, qui habitent à Stockholm, étaient venus nous rendre visite pour Pâques. Lorsqu'ils sont repartis, à l'heure du déjeuner, le vide était encore plus manifeste. Mon épouse et moi avons déambulé dans le quartier à la recherche de Minette, mais aucun signe d'elle.

L'après-midi, ma sœur, mon beau-frère, leurs enfants et petits-enfants nous ont rendu visite à leur tour. Ils étaient gais, volubiles et s'enthousiasmaient de la beauté de notre jardin, qui ce jour-là était particulièrement superbe. Pour autant, l'atmosphère était pesante. Ils espéraient voir cette minette dont nous parlions tant, mais nous n'avions pas de chat à leur montrer. Après quelques heures, ils s'en allèrent, et le sentiment de vide nous engloutit à nouveau.

Au moment où j'écris ces lignes, une journée plus tard, Minette reste introuvable. Cette disparition soudaine m'affecte plus que je ne l'aurais imaginé. Je suis saisi par un sentiment d'impuissance teinté de sensiblerie, que je suis assez réticent à reconnaître. Lorsque des mésanges charbonnières lancent leurs joyeux trilles, j'ai l'impression qu'elles appellent : « Minette, Minette, Minette ! » Cette nuit, j'ai rêvé qu'elle rentrait par la fenêtre, mais non, ce n'était qu'un rêve, et quand j'ai ouvert le réfrigérateur ce matin, la boîte de nourriture de luxe – de la mousse de thon – était là, ouverte, mais il n'y avait personne à qui offrir ce mets savoureux.

Je sais bien que nous ne connaissons pas Minette depuis longtemps. Mais cette petite bête, que nous avons dans un premier temps tenté de tenir à l'écart, s'est manifestement fait une place dans notre quotidien et contribue à notre sensation de sécurité. Nous nous inquiétons de ne pas l'avoir vue depuis vingt-quatre heures, alors qu'à peine quelques mois plus tôt nous aurions été soulagés. Minette a éveillé chez moi des sentiments que je ne suis pas vraiment capable de gérer. La sensation de vide dans laquelle je patauge depuis hier n'en est qu'un exemple. Cela me paraît ridicule, mais c'est comme ça, c'est tout.

J'ai vécu une vie sans grosse tempête, même si, comme la plupart des gens, j'ai expérimenté le chagrin plusieurs fois. Mon père est mort bien trop précocement et, à peine quelques semaines plus tard, nous apprenions que nous allions avoir un enfant, ce qui l'aurait comblé de joie. Lorsque ma mère, presque quarante ans plus tard, s'est échappée des brumes de la sénilité pour gagner l'archipel plus ensoleillé des souvenirs qu'elle nous laissait, j'ai été partagé entre soulagement et affliction. La peine que j'ai éprouvée à la perte de mes parents est à la fois plus profonde et plus radicale que ce que je pourrai jamais ressentir pour un chat. Mais elle est également plus acceptée : tout le monde est prêt à prendre une telle douleur au sérieux. À l'inverse, si un chat que vous ne connaissez que depuis six mois et qui n'est même pas disparu depuis deux jours vous manque, cela paraît d'une niaiserie achevée. J'ai une femme, des enfants et des petits-enfants. J'ai des amis et mon travail d'écriture est stimulant. Alors quoi ! Je peux bien me procurer un autre chat, si vraiment il m'en faut un désormais.

Finalement, ce serait peut-être aussi bien que Minette ne revienne pas. Je n'ai pas demandé à avoir un chat, et maintenant ce chat est parti. Je suis libéré d'une responsabilité. Une histoire d'amour heureuse est peut-être celle où les deux partenaires se remercient pour le temps qu'ils ont passé ensemble avant de se rendre leur liberté. Cependant, j'ai beau essayer de me consoler ainsi, elle me manque. Son absence me ronge.

Je me demande bien sûr pourquoi elle a disparu. Les chiens qui ont séjourné chez nous constituent peut-être une partie de l'explication, mais ils sont vieux, fatigués et totalement inoffensifs. Dans sa jeunesse, le plus petit aimait pourchasser les chats. Mais cette époque est révolue depuis longtemps. Désormais, il est à moitié aveugle et sourd et passe le plus clair de son temps roulé en boule sur les genoux de sa maîtresse. Le grand est le chien le plus gentil du monde ; qui plus est, il est passablement couard. Courir après un lapin quelques instants, d'accord, mais c'est surtout parce que c'est tellement bon de courir. Par contre, s'attaquer à un chat : Non ! Il a suffi que Minette fasse le dos rond et crache pour qu'il recule sur-le-champ. Pour autant, c'est clair : Minette a estimé leur présence tout à fait superflue. Si jamais elle revient, ils ne lui manqueront pas.

Non, les conditions climatiques sont sans doute une explication plus plausible à son départ. Lorsque Minette est arrivée chez nous, elles étaient détestables : neige, froid et vent. Les quelques attentions que nous lui avons prodiguées lui ont paru bienvenues, peut-être même vitales. Elle ne pouvait que s'accrocher à nous dans de telles circonstances.

À présent, il fait un temps magnifique, et même une chatte stérilisée peut éprouver l'appel du printemps. Il n'y a que quelques mois qu'on lui a retiré ses ovaires et qu'ils ont donc cessé de produire des hormones. Ces derniers temps, Minette appréciait particulièrement d'être dehors. À l'instar d'une adolescente, elle se contentait de prendre ses repas et de dormir à la maison. Elle sautait par la fenêtre, se précipitait vers sa gamelle et, une fois sa pâtée engloutie, se plantait devant la porte pour que nous la laissions sortir à nouveau. Parfois, le soir, nous fermions la fenêtre pour la garder à l'intérieur. Elle restait devant la vitre à contempler l'extérieur avec envie avant de se lover, résignée, sur l'un de nos lits et de s'endormir. Dès que nous ouvrions la fenêtre de notre chambre pour laisser entrer la fraîcheur nocturne, elle se ruait dehors.

Elle s'est peut-être sentie prisonnière et a voulu partir vivre la grande aventure. Elle sera allée là où ses pattes la portaient ; il y a toujours quelque chose à découvrir pour qui ne se soucie pas du lendemain. Le temps est merveilleux ces jours-ci. Trouver un endroit où dormir ne pose pas de problème à un chat, et il peut se passer de nourriture quelques jours. Minette reviendra peut-être lorsqu'elle aura le ventre vide ou quand il tombera des hallebardes. Elle appréciera peut-être un peu d'attention humaine à ce moment-là. Je veux le croire et son absence me devient plus supportable. Elle va bien et nous a quittés de son plein gré. Mais c'est un peu impudent de sa part de filer ainsi après toute la sollicitude que nous lui avons témoignée.

Ce que je redoute, c'est qu'il lui soit arrivé quelque chose. Elle aime explorer des terres inconnues. Elle pourrait s'être faufilée par la lucarne d'une cave qui se serait ensuite refermée, ou être coincée dans un autre lieu. Peut-être a-t-elle ingéré un aliment qui l'a rendue malade. Ou alors – affreuse perspective – quelqu'un l'a adoptée. Elle ne porte pas de collier ni une quelconque marque indiquant qu'elle a déjà un propriétaire.

La petite puce que le vétérinaire lui a implantée dans le cou quand il l'a stérilisée ne se remarque pas. Quelqu'un a pu s'emparer d'elle et l'aura corrompue en lui offrant un lit plus douillet et des mets plus fins que les nôtres. En bon chat infidèle, elle aura choisi le meilleur territoire, celui où le maître et la maîtresse se montrent le plus généreux. Nous lui avons accordé le gîte et le couvert et nous estimons qu'elle devrait nous remercier en nous apportant du bien-être, mais un chat ne se sent pas soumis à de tels règlements. Je soupçonne que notre dépendance à Minette est plus importante que la sienne à notre égard.

Des amis nous ont appelés pour nous demander comment s'était passé notre week-end pascal. Euh bien, merci, avons-nous répondu, mais Minette a disparu. Ils ont tenté de nous consoler : c'est typique des chats, ont-ils dit, surtout au printemps. Ils ont besoin de liberté et, à l'instar d'un des personnages des Moumines, ils se lancent dans une errance sans but pour revenir après un certain temps, aussi espiègles qu'avant et toujours aussi attachés à leur maison, comme s'ils ne s'étaient jamais absentés. Je les ai remerciés de leurs paroles aimables, mais je ne les crois pas.

Après sa deuxième nuit d'absence, nous sommes convaincus – enfin moi du moins, qui ai une tendance prononcée au pessimisme – que nous ne reverrions jamais notre Minette. Je débarrasse ses gamelles, car elles prennent de la place sur le plan de travail et leur vue nous pince le cœur. Elles rendent son absence encore plus insupportable. Je veux également jeter ses croquettes, mais mon épouse m'en empêche. Attends un peu, me dit-elle. Comme si souvent, la suite lui donne raison.

Car la troisième nuit, Minette fait son apparition. Juste au moment où nous allons nous endormir, nous entendons le bruit familier de son entrée par la fenêtre. Je lève les yeux et vois ses oreilles triangulaires et sa queue dressée. « Minette ! » Nous quittons nos lits aussitôt et nous mettons à la caresser, ce qu'elle apprécie modérément. Puis nous veillons à lui donner à manger, ce qui l'intéresse infiniment plus. Nous sortons ses gamelles et les remplissons des meilleurs mets dont nous disposons. Nous rajoutons de la crème double au lait. L'appétit de Minette est solide. Les chats sont des créatures très prosaïques et je dois garder ma mièvrerie pour moi.

Nous fermons la fenêtre. En réalité, il fait trop chaud pour ça, mais nous ne voulons pas que Minette prenne encore la poudre d'escampette alors qu'elle vient juste de rentrer. Elle constate que l'issue est condamnée, mais n'insiste pas pour retourner dehors. Au lieu de ça, elle s'attache à entrer en contact avec nous. Quand je me lève pour aller aux toilettes, elle se frotte tant contre mes jambes en ronronnant que j'ai du mal à me déplacer. Elle grimpe sur nos lits et se colle à nos visages, nous donne des petits coups de museau, nous lèche. Et ronronne bien sûr. De temps à autre, elle se roule en boule et nous essayons de dormir, mais au moindre mouvement elle bondit sur ses pattes. La nuit est agitée. Pourtant, nous sommes tous les trois ravis, je pense. Minette est affectueuse, mais à ses propres conditions.

Le matin, nous ouvrons la fenêtre. Minette sort un moment, mais ne tarde pas à revenir. Un vent du nord glacial souffle et, pour la première fois depuis une semaine, nous prenons notre petit déjeuner à l'intérieur. Minette entre et sort par la fenêtre. Elle fait son tour d'inspection des lieux. Veut-elle s'assurer que les chiens sont partis ? Qu'en sais-je ?

Comme tant de personnes, notre fille nous avait dit après la disparition de Minette qu'elle reviendrait sans doute quand la faim lui tiraillerait l'estomac. Cependant, au bout du troisième

jour, elle avait quand même décidé d'annoncer à ses fils la triste nouvelle. Celui de dix ans avait déclaré avec courage qu'il arrive que les chats disparaissent plusieurs jours avant de revenir. Mais le soir, il avait éclaté en sanglots ; comme son grand-père, il s'imagine bien trop facilement le pire.

On ne téléphone pas à une famille avec des enfants en bas âge à vingt-trois heures pour leur dire qu'un chat a mis fin à son escapade, mais dès le lendemain matin je leur passe un coup de fil. C'est mon petit-fils qui répond et je lui annonce le retour de Minette. Il est aux anges ; je l'entends hurler : « Minette est revenue ! » à ses parents. Il s'apprête à partir à l'école, mais nous convenons qu'il nous rendra visite après les cours, cet après-midi.

Plus tard, sa mère nous explique qu'il a prié Dieu le soir pour que Minette réapparaisse et que, lorsqu'il a entendu la sonnerie du téléphone, il a déclaré : « J'espère que c'est papi qui appelle pour nous dire qu'elle est revenue. »

Le soir, tout est comme d'habitude. Minette fait un petit tour dehors, puis rentre plus ou moins au moment où nous allons nous coucher. Elle s'installe sur le lit de sa maîtresse et s'endort. Qu'elle ait ressurgi juste au moment où nous avions abandonné tout espoir de la revoir me procure un sentiment de sécurité.

Comment une petite créature d'à peine trois kilos roulée sur mon lit peut-elle m'apporter autant ? Je suis beaucoup plus fort qu'elle et pourrais la détruire à tout moment sans qu'elle ait le pouvoir de me résister. Est-ce la confiance qu'elle me témoigne qui est importante ? Le fait qu'elle accepte mes caresses avec gratitude ? Suscite en moi une envie de tendresse ? Les bébés, qui sont eux aussi totalement vulnérables, suscitent les mêmes sentiments chez leurs parents.

Beaucoup de gens dépensent des sommes considérables pour acheter un chat, souvent une race de luxe, comme un persan, un siamois ou un bleu de Russie. Minette, elle, est un cadeau de la vie. De manière tout à fait inattendue, elle est apparue et s'est installée chez nous. Maintenant qu'elle est revenue après une absence de plusieurs jours, cela nous paraît encore plus savoureux. Les chats agissent à leur guise ; maîtres de leur intégrité, ils ont leur libre arbitre. Nous sommes – probablement sans aucune raison – fiers que ce soit nous qu'elle ait choisis.

Minette m'a enseigné une leçon : nous devons lui faire confiance. Je ne veux pas d'un chat qui ne reste pas de son plein gré : si elle préfère rester chez nous, elle le fera ; si elle ne s'y plaît pas, elle s'en ira. Sa vie doit être son choix. La seule chose que nous puissions faire est de nous montrer sympathiques à son égard afin de lui montrer que nous voulons la garder auprès de nous. Cela paraît sensé, mais, souvent, ce n'est pas le bon sens qui prévaut. J'ai du mal à m'empêcher de vérifier, de m'assurer qu'elle est dans les parages. Nous lui mettons un collier. Certes, elle est plus mignonne sans, mais nous voulons que chacun sache qu'elle a déjà des maîtres.

J'écoute Jane Goodall à la radio. Elle explique qu'elle aime les chimpanzés, mais qu'eux, même ceux dont elle est devenue proche, ne lui rendent pas son amour. Ils peuvent tout au plus ne pas se méfier d'elle. Lorsque c'est le cas, elle est fière, satisfaite. Je me dis que c'est exactement pareil avec Minette. Nous l'aimons, mais ce n'est pas réciproque. Elle a lentement commencé à nous faire confiance, mais nous n'avons pas entièrement confiance en elle. Il se pourrait qu'un beau jour elle disparaisse sans crier gare et que nous nous retrouvions seuls avec son absence et notre réfrigérateur plein des plus fines pâtées pour chats. Pour l'instant, je me réjouis surtout qu'elle soit de retour.

5

Minette adore jouer. Des simulacres de chasse, toujours. Au printemps, nous avons l'habitude de nettoyer les plates-bandes. Nous enlevons entre autres les chardons que nous avions laissés pour que les oiseaux aient accès aux graines qu'ils contiennent. Les tiges sont assez hautes et leurs têtes forment des petites boules à leur extrémité. Minette les adore.

Je prends le chardon par la tige et fais tournoyer la tête lentement au sol. Au bout de quelques secondes à peine de ce petit manège, Minette arrive au galop, et se jette sur sa proie en effectuant une pirouette. Puis ne bouge plus. La scène est si comique que j'éclate de rire, mais Minette prend tout cela très au sérieux. Elle reste allongée à mordiller la boule conquise et mise hors d'état de nuire.

Au cours de l'hiver dernier, la météo a souvent été mauvaise ; du vent et de la pluie parfois mêlée de neige. Nous utilisons généralement l'expression « un temps de chien ». Car les propriétaires de chiens sont obligés de sortir leurs compagnons à quatre pattes quels que soient les aléas climatiques. Les chats, eux, sont comme les hommes : ils n'aiment pas le mauvais temps. Minette veut rester à l'intérieur, bien au chaud. Cet hiver, elle a passé le plus clair de ses journées à dormir. Parfois, dans un soudain accès d'énergie, elle lançait une petite attaque sur un reste de nourriture ou un autre objet. J'avais l'impression qu'elle s'ennuyait un peu, même si je ne suis pas tout à fait certain qu'un chat puisse éprouver ce sentiment.

Lorsque j'entrais dans notre séjour, elle se précipitait souvent sur le dossier d'une chaise, d'où elle me jetait des regards pleins d'espoir. Tout dans son attitude montrait qu'il était grand temps de passer à l'action.

Par terre gît un carré de laine multicolore que l'un de nos petits-enfants a tricoté lors d'un atelier manuel. Réalisé dans le seul objectif d'amuser le chat. Je l'attrape par une extrémité et laisse l'autre flotter à quelques centimètres au-dessus du sol. Minette se ramasse sur elle-même ; chaque muscle de son corps est bandé, elle va bondir et se jeter sur sa proie sans scrupule. Ses yeux suivent attentivement le moindre mouvement du bout de laine. Toutefois, elle attend généralement qu'il soit sur le point de disparaître. Le jeu est plus beau ainsi. Avec une remarquable précision, elle saisit le fin morceau de laine sans défense et le retient prisonnier de toutes ses forces. Il lui arrive de se jeter sur le dos pour pouvoir s'aider de ses quatre pattes. Ses oreilles sont plaquées en arrière, ses crocs se plantent entre les mailles et tout son visage revêt une expression sanguinaire. Notre petit tigre domestique est vraiment réveillé à présent. Il est irrésistible.

C'est encore plus drôle quand je balance le chiffon devant elle. Elle fait pivoter sa tête d'un côté et de l'autre, comme les spectateurs d'un match de tennis. Si le morceau de laine est à portée de patte, elle tente une capture tout en restant assise. Sinon, elle bondit. Cela demande plus d'effort, mais la manœuvre est presque toujours couronnée de succès. Elle referme sa mâchoire sur sa prise, au comble du ravissement.

Grimper est l'activité favorite de Minette. Lorsque nous ouvrons la porte de la cuisine, elle se rue dans le jardin pour aller faire ses griffes sur un tronc. Quand je m'approche, elle grimpe dans l'arbre à la vitesse de l'éclair et, ayant atteint une hauteur suffisante, elle me toise. Elle semble me narguer : « Tu ne peux pas m'attraper, nananère... » Son triomphe est complet et j'ai l'impression qu'elle aime se sentir en position de supériorité.

Tout au fond du jardin, il y a un bosquet de grands sureaux à la cime desquels des pies ont bâti leur nid. Minette y grimpe volontiers, mais regagne le plancher des vaches en général très rapidement. Non qu'elle ait le vertige – elle ignore ce trouble –, mais parce que les pies se mettent à faire du tapage et doivent la perturber. Une fois ou deux, ces dernières ont reçu le renfort de quelques corneilles, et Minette a gémi de dépit avant d'opter pour la retraite. Il faut dire que ces oiseaux sont presque aussi gros qu'elle et ont tous les avantages de leur côté.

Tout le monde a entendu des histoires de chats bloqués dans un arbre, attendant que leur maître appelle les pompiers pour les secourir. Nous lançons souvent des regards inquiets vers les frondaisons. Comment l'aventure de Minette va-t-elle se terminer cette fois-ci ? Pourtant, elle descend toujours avec une infinie élégance, même si elle est peut-être un peu plus lente qu'à la

montée. Avec calme et méthode, elle saute d'une branche à l'autre, s'arrête de temps en temps, regarde autour d'elle, plus ou moins comme si elle évaluait les différentes voies envisageables. Et ne tarde pas à être de retour sur la terre ferme.

Alors que l'été s'annonce, le moment est venu de changer notre vieux toit en fibrociment pour une couverture en zinc. L'entreprise de bâtiment installe des échafaudages autour de la maison et des échelles sur le toit. Minette trouve cette idée brillante. Cela lui permet de se hisser sans la moindre difficulté jusqu'au faîte pour ensuite le parcourir en jouant les équilibristes, puis bondir sur le toit des voisins avant d'effectuer un nouveau saut d'une cinquantaine de centimètres pour atteindre leur cheminée. Elle s'y assied alors telle une girouette et scrute les alentours. Il n'y a pas meilleur poste de vigie. Et tout ça pour le plaisir des acrobaties. Du moins, je ne vois pas d'autre raison et je peux la comprendre. Quand j'étais enfant, j'adorais grimper aux arbres.

Parfois ses jeux se font plus violents. Alors que je lui gratte le ventre et qu'elle se tord de bien-être en ronronnant de toutes ses forces, tout à coup, elle plante quatre pattes aux griffes effilées et une gueule aux dents acérées dans ma main. Heureusement que j'ai mis un gant assez épais. Je la fais tourner sur elle-même, encore et encore, tandis que ses attaques contre ma main redoublent d'intensité. Elle continue cependant à ronronner, du moins jusqu'à ce qu'elle soit trop absorbée par le combat.

Après un certain temps, elle se lasse, se dégage et reprend son souffle tout en faisant comme si de rien n'était : « Ne crois pas que tu puisses faire ce que tu veux de moi », semble-t-elle me dire. Cependant, une minute plus tard, c'est reparti de plus belle. Il suffit que je fasse un petit geste dans sa direction avec le gant, et voilà notre bagarre relancée. Cela me fait penser à la mère qui joue avec son bébé : elle fait semblant de l'attaquer, et celui-ci, dans un mélange de ravissement et d'effroi, se met à rire. La question est de savoir qui s'amuse le plus : la mère ou l'enfant ? Le maître ou son chat ?

« *Quand je joue avec ma chatte, qui sait si ce n'est pas elle qui s'amuse avec moi plutôt que moi avec elle.* » C'est Michel de Montaigne, le père spirituel de tous les essayistes, qui écrit cela. Ce noble français de la fin du XVIe siècle laissait ses pensées vagabonder dans son château, plus ou moins comme je le fais devant mon ordinateur à cet instant. Ses cogitations aboutirent à des textes nébuleux dont la logique n'est pas toujours manifeste, mais qui en revanche pétillent de spiritualité et de pensées admirablement énoncées. En intitulant ses écrits « essais » – autrement dit, *tentatives* –, il évoquait précisément cette manière de tâtonner en quête de son monde intérieur. Son expression est timide, presque retenue. Ce qui ne l'empêcha pas de considérer ses pensées comme dignes d'être consignées et même publiées. Montaigne ne prêche jamais. Il se pose des questions et les soumet à son lecteur. Une modestie dans le discours qui se révèle souvent plus efficace que des déclarations péremptoires.

Qui sait, se demande Montaigne, ce que les animaux ressentent et pensent. L'homme, « né avec tant de misère », se compare dans « son orgueil insensé » à Dieu. Pour exprimer cette supériorité autoproclamée, il confère aux autres créatures vivantes « la mesure d'habileté et de talents qu'il juge bonne ». Mais comment l'homme, avec son « entendement » limité, peut-il savoir ce qui se passe dans la tête des animaux ? Quand il se compare à eux, il se prend comme étalon et en arrive à la conclusion qu'ils sont « stupides ». Mais, s'interroge Montaigne, peut-on vraiment raisonner ainsi ? On est très loin de l'affirmation idiote de Descartes, ce génie de la philosophie, qui voulait que les animaux ne soient que des espèces de machines merveilleuses bricolées par Dieu, le super ingénieur.

Je partage l'incertitude de Montaigne quant à ce que son chat pense et ressent lorsqu'il joue avec lui. Le psychisme des animaux est une énigme pour nous et c'est l'une des nombreuses raisons pour lesquelles il est si passionnant de vivre en leur compagnie. Le doute, et non la conviction, est peut-être le principal signe distinctif de l'homme. Car j'ai beaucoup de mal à croire qu'un chat puisse douter. Dans l'art noble de remettre en cause ses connaissances, l'homme jouit sans doute d'une infinie supériorité sur les autres êtres vivants.

Le cerveau d'un chat ne pèse qu'un dixième de celui d'un homme – et encore –, mais ce n'en est pas moins une merveille. Il contrôle les pattes de Minette, lorsqu'elle attrape avec une précision infaillible le morceau de laine que j'agite devant son museau. Il l'aide à garder l'équilibre lorsqu'elle se déplace sur l'étroite rampe de l'escalier escarpé desservant les deux étages de la maison. Bien sûr, c'est également lui, son cerveau, qui la pousse à se frotter contre nos jambes en ronronnant lorsqu'elle estime qu'un petit repas serait bienvenu. Certes, il ne suffit sans doute pas à élaborer des projets d'avenir complexes, mais il est indéniablement capable d'évaluer une situation et d'établir une stratégie gagnante à court terme : grâce à lui, Minette parvient à convaincre sa maîtresse et son maître de lui donner à manger et de jouer avec elle.

Montaigne avait raison. Ce n'est pas seulement lui qui s'amusait avec son chat ; la réciproque était vraie aussi. Les chats ne peuvent pas rire, mais peut-être Minette trouve-t-elle cela divertissant d'observer mes singeries quand je cours en tous sens avec mon bout de laine ; peut-être sourit-elle avec condescendance lorsqu'elle me voit saisi de vertige après avoir tourné en rond avec une tête de chardon dans le jardin : « Ce que les humains peuvent être balourds ! » Je me dis que je stimule ses instincts de chasseuse en jouant avec elle, plus ou moins comme je le faisais avec mes petits-enfants quand ils étaient plus jeunes. Mais on pourrait tout aussi bien affirmer qu'elle réveille mon instinct de grand-père. Au fond, notre relation est peut-être symétrique, fondée sur des motivations et des affects comparables. Ce qui explique qu'une forme de contact s'établisse entre nous.

Certes, nos interprétations des événements, si toutefois un chat les interprète, sont sans doute fort dissemblables. Mais Minette et moi sommes à présent des compagnons et nous nous amusons beaucoup. Parfois je me lasse du jeu avant Minette, mais l'inverse se produit tout aussi souvent. Nous montons alors dans mon bureau. Je m'installe devant mon ordinateur tandis qu'elle se roule en boule dans son panier, regarde quelques instants par la fenêtre, puis entreprend de faire sa toilette.

Il est fort probable que nous ne nous comprenions pas, mais nous sommes bien ensemble. C'est une forme de vie commune. Et il ne me semble pas que les relations humaines soient forcément plus solides ou plus équilibrées : souvent, deux personnes pensent se comprendre alors qu'en réalité elles vivent sur des planètes différentes. Pourtant, leur relation peut bien fonctionner, du moins un temps.

À l'instant où j'écris ces lignes, Minette est dans son panier, à cinquante centimètres de l'ordinateur. Elle a enfoncé sa tête dans la serviette et l'extrémité de sa queue dépasse. Elle m'apporte un peu de compagnie sans me distraire pour autant. Elle dispose d'une couche confortable, agréablement chauffée par le radiateur, et d'une fenêtre par laquelle regarder si elle le souhaite. Nous sommes tous les deux satisfaits de la situation. Peut-être est-ce cela qu'on appelle l'amitié.

J'ignore si son chat tenait compagnie à Montaigne lorsqu'il rédigeait ses essais, mais j'aime le penser. Et si oui, je suis presque certain qu'il appréciait. Et que le chat aussi.

6

Dans l'un de ses poèmes les plus connus, magnifiquement traduit par Britt G. Hallqvist, T. S. Eliot, prix Nobel de littérature, affirme qu'un chat doit avoir trois noms : un pour le quotidien, un plus personnel et un que lui seul connaît. Le poète soupire. La capacité de nommer un chat n'est pas donnée à tout le monde. Je ne peux qu'être d'accord avec lui.

Doris Lessing, également prix Nobel et également amie des chats, attribuait plusieurs noms à chacun des siens, les utilisant en fonction du contexte, en inventant de nouveaux lorsqu'elle estimait que la situation l'exigeait. Des noms toujours très affectueux. Comme le bébé, le minou se voit généralement doté d'une longue série de sobriquets.

Les opinions de ces deux auteurs sur les noms des chats laissent transparaître une incertitude. Eliot pense que chaque chat porte un nom qu'aucun humain ne peut appréhender, et les matous adorés de Lessing changent de nom en fonction de leur humeur ou de celle de leur maîtresse.

Cela fait à présent plus de six mois que notre chatte est devenue un membre de notre famille, mais elle n'a toujours pas d'autre nom que Minette. Mon petit-fils, qui est « le meilleur copain de Minette », a suggéré Fantômette. Pourquoi pas ? Minette se cache volontiers derrière un buisson ou des plantes hautes pour soudain réapparaître aux endroits les plus inattendus. Lorsque nous lisons dehors, sous l'auvent en tôle rouillée, nous entendons parfois le bruit de ses pattes au-dessus de nos têtes. Minette y est grimpée sans que nous nous en apercevions. Fantômette serait donc dans ces situations un nom approprié, si l'on suit le point de vue de Doris Lessing. Et les jours de pluie, nous l'appellerions Paillasson, car elle les passe affalée à l'une de ses places favorites, à savoir le lit de ses maîtres ou le panier devant mon ordinateur.

Je me sens toutefois plus proche de la conception de T. S. Eliot, qui me semble en quelque sorte plus respectueuse que la ribambelle de surnoms enfantins de Doris Lessing. Par ailleurs, on ne peut qu'être séduit par le poème d'Eliot et la traduction qu'en a faite Britt G. Hallqvist. Rarement de la poésie sans queue ni tête n'a possédé une telle force rhétorique. Je m'imagine donc que notre chat a un nom d'usage, un autre personnel et un sur lequel je ne peux que spéculer. Ce dernier est évidemment celui qui me fascine le plus. Il vient me rappeler que Minette m'échappera toujours, et ce pour la simple raison que je suis un homme et elle une chatte, et que les mondes dans lesquels nous évoluons sont infiniment différents.

Comme premier nom, elle pourrait peut-être conserver Minette. C'est affectueux sans être ridicule. Exactement comme Nils, Lars ou Gunilla, c'est lié à l'identité, non à une situation particulière ou un comportement donné, contrairement à Fantômette ou Paillasson. N'est-ce pas un peu anonyme pourtant ? Toutes les chattes se sont appelées Minette à un moment ou un autre, ne serait-ce que lorsqu'une personne veut établir le contact avec un animal dont elle ignore le nom. Si nous ne dépassons pas ce stade, est-ce que cela pourrait vouloir dire que nous ne nous considérons pas comme ses maîtres ?

Par ailleurs, je ne suis pas sûr qu'elle répondrait à un nom, quel qu'il soit. Parfois, on dirait qu'elle comprend que nous parlons d'elle, mais c'est probablement au contexte et à notre intonation qu'elle réagit. Que nous employions le mot Minette ou pas n'a guère d'importance. Lorsque nous ouvrons la porte de la cuisine et crions « Minette ! », il arrive qu'elle accoure d'un recoin du jardin, mais je suis persuadé que c'est le fait que nous apparaissions par la porte ouverte et criions qui compte. Elle sait que cela signifie que nous sommes disponibles pour lui donner un peu de nourriture, jouer ou lui proposer d'autres plaisirs. Je donne peut-être l'impression de la prendre pour une idiote ou une ingrate, mais je crois vraiment qu'elle se contrefiche de son nom de baptême. Pour le moment, « Minette » conviendra donc très bien.

Le deuxième nom mentionné par Eliot, le nom intime, prend des allures de défi. Le poète fait toute une série de propositions originales, nobles ou érudites, si particulières qu'il viendrait à l'idée de peu de personnes d'appeler leur chat ainsi, comme, par exemple, Méta-Méthyl.

Parfois, j'ai envie de le suivre sur ce terrain. Pourquoi ne pas appeler Minette Aspasie, le nom de l'amie aussi belle qu'intelligente de Périclès, le despote athénien éclairé ? Ce nom refléterait à la fois la culture du maître – c'est moi, je sais – et l'influence de la chatte sur lui. Car Aspasie ne manquait pas de pouvoir. La petite histoire veut que Périclès contrôlait Athènes, mais qu'Aspasie, elle, contrôlait Périclès. En outre, c'est un beau nom, qui comporte, comme il se doit pour un nom de chat, des « s » sifflants. Il implique de surcroît cette sagesse philosophique que je prête volontiers à notre minette. Cependant, la vie intellectuelle de cette courtisane antique était sans doute plus riche et sa vie amoureuse beaucoup plus complexe que celles de notre petite chatte stérilisée. Mieux vaut donc s'abstenir. Et puis, comment réagiraient les voisins si je lançais des « Aspasie ! Aspasie ! » dans mon jardin ?

Je ne peux que fantasmer sur le troisième nom, le plus secret, de Minette. Il m'est aussi inaccessible que les pensées, si toutefois elle en a, qui se cachent derrière ses grands yeux lorsqu'elle m'observe avec attention. Aussi inaccessible que les rêves qui la font s'agiter dans son sommeil, les vibrisses frémissantes, puis s'étirer avant de regagner un nirvana insondable.

Pour l'instant, notre minette ne s'appelle donc que Minette, et peut-être n'aura-t-elle jamais d'autre nom. Cette absence de nom véritable exprime peut-être quelque chose d'essentiel, après tout…

L'été, la ville de Lund se vide de ses étudiants et les professeurs gagnent leur résidence secondaire sur la côte occidentale ou à la pointe de la Scanie. En revanche, la plupart des chats restent en ville et Minette a une vie nocturne intensive. Elle passe ses journées à dormir, se réveille vers dix-huit ou dix-neuf heures et ne réapparaît à la fenêtre de notre chambre qu'aux petites heures du matin.

Ces nuits estivales sont le moment des chats par excellence. Elles ont comme un goût du foyer africain dont ils sont originaires. Bien sûr, les nuits sont plus courtes et plus claires dans les pays nordiques que près de l'équateur, mais il fait relativement chaud et la pénombre est pleine d'insectes, d'oisillons, de rongeurs et d'autres chats.

Cette vie féline suit son cours autour de nous, n'effleure la nôtre que par instants. Des chats inconnus se faufilent dans les buissons. Des mâles débarquent et miaulent parfois de manière provocante devant la porte de notre cuisine. Notre petite femelle stérilisée est moyennement intéressée. Souvent, elle préfère rentrer par la fenêtre et se tenir un moment à l'écart avant d'aller jauger le visiteur de plus près. En général, le courtisan finit par s'éclipser. La végétation se referme derrière lui et il disparaît aussi discrètement qu'il était arrivé.

L'un de ces Roméo – un chat noir portant un collier rouge – traverse régulièrement notre jardin. Son comportement est très réservé, voire d'un dédain tout aristocratique. C'est comme si notre terrain ne l'intéressait pas et qu'il se dirigeait vers un but plus digne de son rang.

Les visiteurs occasionnels se sauvent dès que nous nous montrons à la fenêtre. Dans leur famille, ce sont sans doute des matous dociles, qui ronronnent sur les genoux de leur maîtresse. Dans notre jardin, en terrain non familier propice aux aventures, ce sont des chats sauvages insaisissables. T. S. Eliot a raison : les chats mènent une double vie. Et la deuxième a pour décor la nuit. Ils revêtent alors leur identité féline la plus secrète.

Du point de vue d'un chat, notre jardin est à n'en pas douter un territoire digne d'être défendu. Minette mais également d'autres chats s'y intéressent. Nous appelons l'un d'eux « le grand brun ». Il est beaucoup plus massif que notre petite chatte et, lorsqu'il se faufile à travers la haie à la tombée de la nuit, nous lui trouvons des allures de crapule. Il miaule assez fort, comme s'il voulait affirmer « ceci est mon territoire ». Minette lui témoigne une curiosité distante mêlée de crainte et a la prudence de ne pas

attaquer. Un jour, nous nous sommes demandé s'il ne l'avait pas prise de force. Un violent concert de miaulements s'était élevé, après quoi notre Minette s'était ruée dans la maison par la porte de la cuisine. Elle paraissait terrorisée et, lorsque nous sommes allés voir ce qui se passait, le grand brun était en train de marquer son territoire sur le chambranle de la porte.

Depuis cette mésaventure, nous chassons le malotru dès que nous l'apercevons, et Minette s'empresse de le poursuivre avec une joie non dissimulée. On dirait qu'elle cherche à se persuader, en même temps que nous, que c'est elle qui le met en déroute. De notre côté, nous aimons penser que Minette est convaincue que nous sommes ses alliés.

Un matin, au début de l'été, nous avons entendu des feulements agressifs, qui laissaient parfois place à des crachats de colère. Deux chats étaient en train de se défier quelque part dans le voisinage. Nous sommes sortis dans le jardin et avons découvert des touffes de poils çà et là. Une bagarre avait eu lieu. Les touffes étant plus ou moins de la même couleur que la fourrure de notre Minette, nous sommes partis à sa recherche dans le quartier. Pas de Minette en vue, mais nous percevions toujours des miaulements irrités.

Au bout d'un moment, ce tapage félin a cédé la place au chant des merles. Nous étions inquiets toutefois. Peut-être Minette était-elle blessée ? Pendant une demi-heure, nous sommes restés dans l'incertitude quant à son sort, puis elle est revenue d'une démarche sautillante, la queue dressée, l'air aussi serein que d'habitude. Rien n'indiquait qu'elle ait vécu la moindre mésaventure. Cependant, lorsque nous lui proposâmes les mets les plus exquis, elle ne fut pas intéressée. D'autres pensées occupaient sa petite cervelle. La nourriture, même la plus haut de gamme, devrait attendre. Elle entreprit de faire le tour de la maison et du jardin en se tenant sur ses gardes. On aurait dit qu'elle contrôlait la situation, et en même temps elle semblait bien contente que nous soyons là. Pour intervenir au cas où ? Au bout d'un moment, elle revint, se roula en boule et s'endormit.

Nous ne saurons jamais ce qui lui est arrivé. Avait-elle été impliquée dans une bagarre ou, telles les princesses des contes, s'était-elle contentée d'assister au duel entre deux courtisans ? Quoi qu'il en soit, un événement important s'était produit dans son univers de chat et l'avait perturbée. Ce que nos oreilles avaient entendu, et nos yeux vu, n'était qu'une surface sous laquelle se dissimulait une expérience féline insondable. Nous ne pouvions que spéculer. Je me plais à penser qu'elle y jouait le rôle de la princesse laissant des mâles s'affronter pour elle. À moins qu'elle n'ait défendu avec brio son territoire contre un intrus.

Car elle s'en était bien sortie : elle ne présentait pas la moindre égratignure. Ce n'était certainement pas de son pelage que provenaient toutes ces touffes.

Les chats ont du mal à comprendre les frontières. Notre territoire et celui de Minette ne se superposent pas. Nous aimerions qu'elle reste dans notre jardin. Elle y dispose de buissons et d'arbres où grimper, de massifs derrière lesquels se cacher, d'insectes et de souris à chasser et d'une écuelle remplie d'eau – une eau légèrement aromatisée par les merles qui s'y baignent. Que demander de plus ? Mais pour un chat, le trou dans la palissade et la perspective de s'y glisser sont plus importants que la fonction de délimitation de cette clôture. Le terrain vague voisin, sur la gauche, est de son point de vue félin tout aussi digne d'intérêt que notre jardin bien entretenu, rempli de choses passionnantes à explorer.

Parfois Minette s'aventure sur la chaussée. À l'autre extrémité de la rue, il y a une ancienne maison de retraite à présent en grande partie convertie en bâtiments administratifs communaux. Ce qui l'attire, ce sont les buissons et les recoins, la nouveauté et les parties de chasse. Cela ne nous enchante pas. La rue est assez passante et nous craignons qu'elle ne se fasse écraser. Malheureusement, nous ne possédons aucun pouvoir sur elle.

Un chat peut être la plus docile des créatures, un agréable ornement de canapé ronronnant qui se laisse caresser par les enfants et n'a rien contre le fait d'être pourri gâté par ses maîtres. Mais ce minou câlin du matin révèle son autre facette le soir. Celle qui le rapproche du tigre ou du léopard, en fait un prédateur efficace et discret. C'est cette dualité qui lui vaut sa réputation de fausseté. C'est elle qui pousse T. S. Eliot à penser que le chat a besoin de trois noms, dont l'un est « nocturne, félin et à jamais insaisissable » pour les hommes. Son « nom de tigre », celui qu'il revêt lors de ses expéditions de chasse sous la lune.

7

À l'approche de l'été, nous achetons une chatière pour la porte de la cuisine. Elle est assez grande pour laisser passer les chats et les très petits chiens, mais un pékinois un peu dodu ne pourrait pas la franchir. Cet accessoire est une nouvelle expression du pouvoir que Minette s'est arrogé sur notre vie. Un trou dans la porte couvert par un fin battant de plastique entraîne des courants d'air, une déperdition de chaleur et des coûts de chauffage plus importants. D'un autre côté, cela va être très pratique, tant pour Minette que pour nous. Laissez-moi vous expliquer.

Nous faisons des séjours réguliers à Stockholm. Avant la chatière, cela posait problème. Il fallait nourrir Minette, ce dont se chargeait notre fille. Mais si nous nous absentions une semaine, il n'était pas envisageable de la laisser enfermée pendant tout ce temps. Nous étions alors obligés d'installer son panier dans l'abri de jardin et, à l'immense joie des chats du voisinage, c'est là que ses repas lui étaient servis. Le grand brun veillait tout particulièrement à se trouver sur les lieux. À notre retour, nous recommencions à nourrir Minette à l'intérieur et le voyions se faufiler dans la cabane dans l'espoir de faire patte basse sur quelque bon mets, puis ressortir quelques instants plus tard, la mine déconfite. Du moins est-ce l'impression qu'il nous donnait.

Avec la chatière, tout va devenir plus simple. Minette mangera à l'endroit habituel dans la cuisine et pourra dormir dans son panier ou sur le lit de sa maîtresse. Elle entrera et sortira à sa guise, que nous soyons là ou pas. C'est important, surtout maintenant que l'automne arrive. Quant aux autres chats, nous pensons qu'ils se tiendront à distance : même le plus effronté des matous ne s'introduit pas volontiers dans une maison étrangère, surtout quand elle est défendue par un autre chat.

La raison immédiate pour laquelle nous installons ce dispositif est notre projet de vacances en Afrique. Nous n'allons pas y rester très longtemps, mais notre fille sera du voyage, ainsi que nos quatre petits-enfants. Il y a longtemps que j'ai promis de leur offrir un séjour afin qu'ils puissent voir des éléphants, des rhinocéros, des hippopotames, des lions, des léopards et bien d'autres mammifères et oiseaux fascinants. Notre gendre va rester en Suède pour son travail et il nous a donné sa parole qu'il prendrait soin de Minette. Sa mission sera beaucoup plus simple avec une chatière, car il lui suffira alors de venir à la maison de temps à autre pour remplir sa gamelle. En outre, contrairement à moi et mon épouse, c'est un bon bricoleur. Il nous a donc assuré qu'il installerait la chatière bien avant notre départ pour que Minette ait le temps de s'y habituer.

Alors que nous nous trouvons dans l'animalerie, j'éprouve à nouveau ce sentiment d'avoir atterri au mauvais endroit. Qu'est-ce que je fabrique ici ? Par ailleurs, cette affaire de chatière se révèle un véritable casse-tête. Différents fabricants – allemands, anglais et français – proposent des modèles basiques. Il y a également des systèmes plus élaborés, où le chat doit porter un petit aimant sur son collier pour déclencher l'ouverture ; cela nous préserverait de toute visite inopportune du grand brun. D'un autre côté, ils paraissent un peu compliqués, et que se passe-t-il si notre Minette perd son aimant ? Enfin, il y a des chatières électroniques, qui lisent les puces que tout chat respectable, même le nôtre, porte dans son cou, telle une pièce d'identité. Minette peut difficilement perdre sa puce, mais comment être sûr que le dispositif fonctionne parfaitement. Et à quel moment faut-il changer les piles ? De surcroît, ce petit bijou de technologie est hors de prix. Me voici donc comme un jeune père au milieu d'un magasin de poussettes. Certes, je suis prêt à payer pour la meilleure solution, mais la surabondance des offres me donne le tournis. Nous tranchons en faveur du modèle le plus simple, celui qui paraît le plus fiable. Nous faisons l'hypothèse que le grand brun gardera ses distances malgré l'absence de verrouillage magnétique.

Installer la chatière n'est pas une mince affaire non plus. Notre porte est plus épaisse que ne l'avait prévu le fabricant allemand. Nous nous voyons contraints de retourner au magasin pour nous procurer des pièces complémentaires. Quelques jours plus tard, enfin, le dispositif est en place, avec des finitions soignées, comme toujours avec les réalisations de notre gendre.

Minette est sceptique. Elle ne comprend pas vraiment l'utilité de la chatière. Elle s'assied devant la trappe en plastique transparent et regarde à travers. En revanche, la franchir ne lui inspire pas confiance. Cette trappe lui barre le chemin vers la sortie. Elle préfère attendre que quelqu'un lui ouvre la porte. Elle est habituée à patienter et peut continuer à le faire. Il est rare que les chats soient particulièrement pressés.

Nous lui faisons une démonstration et la poussons vers le battant. Mais comme toujours, quand on cherche à l'obliger à faire quelque chose, elle se mutine. Des méthodes plus subtiles s'imposent.

Nous tentons de l'appâter en plaçant son mets préféré de l'autre côté de la chatière. Elle le voit à travers la trappe. Peut-être n'a-t-elle pas assez faim, mais, quoi qu'il en soit, elle paraît prête à attendre. Ce n'est que lorsque nous agitons la nourriture et lui tenons le volet ouvert qu'elle se donne la peine de passer dans l'ouverture.

Une aide trop empressée a réduit à néant de nombreuses bonnes initiatives. Je crois que le mieux est que nous laissions Minette se débrouiller seule. Les chats sont curieux. Et de fait, quelques heures plus tard, elle pousse le volet du bout de la patte et se rend compte qu'elle peut l'ouvrir. Puis elle se baisse légèrement, y colle son nez et, lorsqu'il cède sous la pression, glisse son corps entier. Ses pattes avant sont bientôt de l'autre côté de la porte et son train arrière ne tarde pas à les rejoindre. La trappe émet un petit claquement en se refermant sur sa queue. Elle est dehors. Revenir à l'intérieur se révèle un peu plus compliqué, car il lui faut introduire son corps dans le tunnel percé dans l'épaisseur de la porte avant de pouvoir pousser le volet du bout de la patte. Cependant, elle apprend vite la manœuvre.

Lorsque nous partons pour l'Afrique une semaine plus tard, elle est consciente de sa nouvelle liberté et en jouit à plein en multipliant les allées et venues. Nous sommes aux anges. Pendant notre absence, notre gendre nous envoie des SMS pour nous informer que Minette se porte à merveille.

J'ai toujours considéré que les portes doivent être fermées. Cela me vient sans doute de mon enfance. La maison de mes parents était moins bien chauffée et isolée, et les courants d'air étaient une plaie. « La porte ! » lançaient les adultes lorsque nous, les enfants, entrions et sortions en courant sans prendre la peine de la refermer. Les chats ont une autre opinion sur la question : ils préfèrent les portes entrouvertes. Ils peuvent ainsi aller où ils veulent quand cela leur chante. Quand nous partons en voyage, nous veillons donc à ne pas fermer les portes afin que Minette puisse se déplacer à sa guise dans la maison et sortir par la chatière.

D'autant que cela ne doit pas toujours être drôle pour elle, d'être seule. Au début de l'été, nous nous sommes absentés une semaine entière et à notre retour, en pleine nuit, Minette était assise devant notre place de parking. Elle semblait nous avoir attendus et, lorsque mon épouse est descendue de voiture, elle s'est précipitée pour se frotter contre ses jambes en ronronnant. Vous imaginez notre mauvaise conscience ! C'est sans doute ce jour-là que nous nous sommes décidés à investir dans une chatière pour qu'elle puisse au moins rentrer dans la maison et prendre ses repas en paix.

Les chats ont-ils une forme de conscience du temps qui passe ? Cela change-t-il quelque chose pour Minette que nous partions une semaine ou juste une journée ? Il me semble que oui, et ma fille, quant à elle, en est convaincue. La première fois qu'elle nourrit Minette après notre départ, celle-ci s'intéresse avant tout à sa gamelle. Au bout de plusieurs jours, elle cherche sa compagnie et apprécie ses jeux et caresses. Il lui arrive même de s'étendre sur ses genoux, ce qu'elle rechigne à faire en temps normal.

J'aime à croire que nous lui manquons. Il faut dire que je pense souvent à elle lorsque nous sommes loin. Ne serait-ce donc pas logique – ou du moins le signe d'une relation équilibrée – que, de son côté, elle se demande quand nous allons rentrer ? J'en doute toutefois. Minette vit dans le présent, ce qui ne signifie pas qu'elle n'apprécie pas notre retour après plusieurs jours d'absence.

Oui, je pense que Minette possède une forme de besoins sociaux. On pourrait presque croire qu'elle nous suit à la trace. Que nous prenions l'air dans le jardin, travaillions ou lisions à l'étage, elle n'est jamais bien loin. Le soir, lorsque nous gagnons notre chambre pour nous coucher, il ne s'écoule jamais longtemps avant qu'elle ne vienne nous rejoindre. Elle passe le plus clair de la nuit sur le lit de sa maîtresse. Le matin, elle s'approche de nos visages et frotte sa joue contre ma barbe ; on dirait un baiser.

Tout cela semble charmant, mais la science nous apprend que les chats sont dotés de glandes odoriférantes sous le menton et sur le front. La cérémonie de salutation de Minette est donc en réalité un marquage territorial, plus ou moins comme lorsqu'un chien lève la patte contre un réverbère. Son affection du matin n'est peut-être qu'une manière pour elle d'asseoir son statut.

À propos des organismes qui vivent aux dépens des autres, les biologistes parlent de parasites. Nombre d'entre eux sont des bestioles assez repoussantes : les puces, les poux, les punaises et autres créatures vampiriques qui se dissimulent dans les nids des oiseaux, les fourrures chaudes ou les vêtements et les habitations des hommes. Cette stratégie se révèle en général très payante, même si leurs hôtes donneraient évidemment tout pour en être débarrassés.

Il est de notoriété publique que ce n'est pas l'homme qui règne sur la terre, mais les hyménoptères sociaux : les guêpes, les abeilles, les

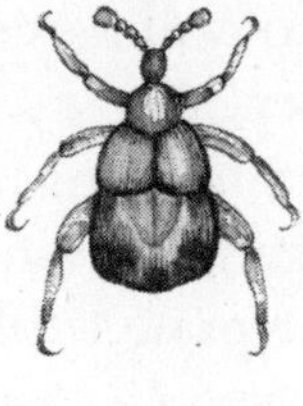

bourdons et les fourmis par-dessus tout. Les fourmis sont présentes dans la quasi-totalité des biotopes ; leurs communautés prospères, qui regorgent en permanence de nourriture accessible, sont la cible de multiples visiteurs plus ou moins bienvenus. Le *Claviger*, un petit scarabée, vit précisément dans les fourmilières, de préférence celles de la *Lasius flavus*, une fourmi jaune commune en Suède. Le *Claviger* y vit comme un pacha. De fait, ses gardiennes le bichonnent de toutes les manières imaginables, plus ou moins comme nous le faisons avec Minette. Elles vont parfois jusqu'à négliger leurs devoirs à l'égard de leur habitat pour se consacrer à leurs scarabées adorés. J'espère que nous n'en sommes pas arrivés à ce stade.

Pourquoi les fourmis aiment-elles tant les scarabées ? Eh bien, le *Claviger* possède de grosses touffes de poils jaunes sur le dos, qui sécrètent une hormone irrésistible pour les fourmis, presque comme une drogue. Il n'est d'ailleurs pas le seul à employer un tel stratagème. Certains membres de la famille des *Staphylinidae*, des coléoptères d'à peine un demi-centimètre, ont eu la même idée géniale. Durant l'hiver, ils résident chez les répugnantes fourmis rouges, mais l'été, ils s'installent chez leurs congénères des forêts. À l'instar du *Claviger*, ils dégagent une merveilleuse odeur, dont les fourmis raffolent.

On peut se demander si notre chatte n'a pas recours à la même stratégie. Nous avons le plus grand mal à résister à son regard. Nous aimons caresser sa fourrure et nous nous sentons aimés lorsqu'elle se frotte contre nos jambes en ronronnant. Peut-être nous ensorcelle-t-elle autant que les scarabées leurs hôtes.

Si sa fourrure avait eu une autre apparence, elle m'aurait peut-être laissé indifférent. Certains chats sont vraiment laids, avec des taches de toutes les couleurs à des endroits inopportuns. Minette est belle, elle, avec sa fourrure brune et grise ; elle est souple et petite. La beauté est attirante. Et même si elle fait parfois ses griffes sur les tissus de nos meubles, au moins, elle ne dévore pas nos petits-enfants. Car il faut préciser que certains invités des fourmis ont l'impudence de manger leur descendance.

La situation a donc évolué comme je le redoutais. Notre parasite adoré nous a rendus dépendants d'elle. Dès que nous évoquons un voyage, la question surgit : « Que faisons-nous de Minette ? » Je n'aurais jamais pensé avoir un jour de telles préoccupations. Mais on ne contrôle pas tout dans sa vie, je dois m'y résigner.

8

Le chat est un prédateur. Son corps agile est conçu pour se tapir, puis se jeter sur ses proies. Ses griffes sont profilées pour les saisir, ses dents pour les déchiqueter et son tube digestif est capable d'absorber chaque nutriment présent dans leur chair. Minette adore chasser les souris et autres campagnols. Non parce qu'elle est affamée, mais parce que cela l'amuse.

Avant son arrivée, nous ne nous doutions pas qu'il y avait autant de rongeurs dans notre jardin : Minette débarque fréquemment dans notre chambre au milieu de la nuit pour y déposer un spécimen. Ce rituel se produit de préférence vers vingt-trois heures, quand nous sommes sur le point de nous endormir. Mais la scène se joue aussi vers quatre heures du matin, ce qui nous incommode encore plus, car c'est le moment où nous aimerions profiter d'un sommeil réparateur. Hélas, c'est la plage horaire où les rongeurs sont actifs, et Minette, manifestement, est au courant.

Généralement, la souris est paniquée, mais tout à fait capable de courir dans une tentative désespérée pour échapper à son bourreau, ce que Minette attend, car ainsi le jeu peut continuer. Elle rapporte donc sa proie avec précaution et la dépose sur le sol. Si la victime reste immobile trop longtemps, elle lui donne un petit coup de patte pour voir la bête s'enfuir et s'octroyer le plaisir de la capturer à nouveau. Il arrive aussi que Minette revienne avec un rongeur déjà mort. Dans ce cas, elle le bouscule du bout des griffes ; son absence de réaction la déçoit : « Qu'est-ce qu'il y a ? Tu ne veux pas jouer ? »

La souris parvient parfois à se faufiler sous une armoire ou derrière une bibliothèque. Un sursis providentiel, mais qui ne sert à rien. Minette n'est pas du genre à renoncer. Elle sait très bien où s'est dissimulé son jouet et est prête à attendre longtemps – des heures, si nécessaire – jusqu'à ce qu'il pointe à nouveau le bout de son museau. Une fois, elle a monté la garde sur une chaise à côté du rayonnage derrière lequel sa victime s'était réfugiée. Elle s'est installée confortablement et a semblé s'assoupir, mais au moindre grattement du rongeur elle redevenait en état d'alerte maximal.

Les chasses à la souris de Minette ne nous amusent pas autant qu'elle. Les courses-poursuites sous nos lits au milieu de la nuit ne sont pas spécialement notre tasse de thé. Nous essayons donc d'attraper l'animal pour ensuite le libérer dans le jardin. Le pauvre rongeur se retrouve avec deux humains et une chatte à ses trousses. Le convaincre de nos bonnes intentions relève de l'utopie : il se dérobe encore et encore, alors que nous déplaçons les armoires et les lits pour tenter de lui mettre la main dessus.

Quelquefois la souris déniche un refuge inviolable. Minette reste alors là, à regarder, l'air un peu mélancolique, l'endroit où son jouet a disparu. Elle apprécie que nous nous efforcions de déloger la bête de sa cachette. Elle semble trouver passablement amusant que ses maîtres lui prêtent main-forte pour harceler le pauvre rongeur.

J'imagine parfois que quelqu'un nous observe par la fenêtre. Un couple d'âge mûr et une chatte pourchassant une petite créature à fourrure… Cela doit être assez comique à voir.

Lorsque finalement nous attrapons la bestiole, nous l'évacuons par la fenêtre. Minette ne comprend rien. Pfuit, son jouet s'est évaporé. Elle erre dans la chambre, retourne au dernier endroit où elle l'a vu, cherche son odeur. Pour finir, elle s'installe sur le lit de mon épouse, se lèche un moment comme pour calmer ses nerfs, se roule en boule et s'endort pour quelques heures.

Nous avons maintenant des sacs plastique à disposition près de nos lits. Nous en recouvrons notre main avant de tenter de nous emparer d'un intrus. Il arrive que Minette comprenne notre dessein. Elle reprend vite sa proie avant de se ruer dans le jardin par la chatière. Mais elle ne tarde pas à réapparaître, le rongeur toujours en sandwich entre ses canines, et le cirque recommence. Après plusieurs allers-retours, la souris est en piteux état. Minette essaie de la ramener à la vie à coups de patte. En vain. Je ramasse alors la bête moribonde avec mon sac, dans un concert de miaulements indignés, et donne le coup de grâce à l'infortunée. En règle générale, un bon coup de tapette à mouches suffit.

Au fil du temps, nous apprenons à considérer les épisodes de chasse de Minette avec plus de désinvolture et à ne pas nous en mêler. L'autre nuit, elle est rentrée avec un rongeur ; le charivari a duré un moment avant que le silence revienne. Nous en avons déduit que chatte et souris avaient quitté la pièce et nous nous sommes rendormis. Le lendemain matin, dans l'entrée, nos chaussures étaient en désordre. On y avait traqué la souris. Et Minette était là, la tête enfoncée aussi loin que possible dans l'un de mes bottillons d'hiver, qui pêchait avec sa patte. Je me suis emparé de la chaussure et y ai plongé la main. Une petite boule de poils chaude a aussitôt essayé de se réfugier plus loin, à l'avant de la chaussure. Minette sur mes talons, j'ai porté le tout dans le jardin.

J'ai secoué le bottillon pour faire tomber l'animal pris au piège et la chasse a repris de plus belle. Soudain, le rongeur s'est immobilisé, dressé sur ses pattes postérieures, et a fixé Minette, qui s'est arrêtée, a enroulé sa queue autour de son corps et l'a toisé à son tour. Le prédateur et sa proie s'observaient avec attention. La scène avait quelque chose de magique, à mille lieues d'une lutte à mort. M'approchant trop près, j'ai effrayé la souris, qui a détalé et s'est enfoncée dans une haie épaisse, où Minette n'avait pas l'ombre d'une chance. Au bout d'un quart d'heure, la chatte a renoncé et a regagné la maison d'un pas nonchalant.

Une fois, Minette nous a ramené un mulot au beau milieu de la journée. Nous étions à l'étage et la chatte a monté l'escalier avec sa proie. C'était un spécimen plein de vie, et le voilà qui lui échappe et dévale les marches dans l'autre sens. Minette se précipite à sa suite. Et moi à la sienne. Mais où est-il passé ? Je me plante au bas des marches dans l'espoir de repérer sa proie, quand je sens soudain quelque chose escalader ma jambe droite, à l'intérieur de mon pantalon : le mulot ! Même si je ne suis pas du genre à paniquer dans une telle situation, je préfère que l'aventure s'éternise le moins possible. Quand ma femme apparaît, munie d'un sac plastique pour attraper le grimpeur, j'ai donc le pantalon sur les chevilles, tandis que la bête se rue vers la porte d'entrée.

Minette rapporte parfois des proies plus originales. Un jour, alors que mon épouse était absente, je me suis réveillé pour constater que notre chatte fixait avec insistance le coin où se trouve le poêle. En regardant de plus près, j'y ai découvert une boule duveteuse blottie. S'agissait-il d'un rat ? J'en doutais. Pour autant, je n'avais pas envie d'attraper l'animal à mains nues. Les rats ne se brossent jamais les dents, c'est bien connu, et leur morsure peut vite s'infecter. Par mesure de sécurité, je l'ai donc délogé avec un tisonnier. Ce n'était pas un rat qui se tenait là, mais un lapereau, qui mesurait tout au plus vingt centimètres de long. Un lapereau gris rustique, pas l'une de ces bestioles de salon angoras ou aux oreilles tombantes.

Je l'ai pris au creux de ma main. Il semblait indemne, mais était tétanisé de frayeur. Je l'ai transporté dehors, et il a commencé à s'agiter un

peu dans mes bras. Je l'ai délicatement posé dans l'herbe, où il est resté, pétrifié, jusqu'à ce que je rentre dans la maison.

Minette était encore à l'intérieur et n'avait sans doute pas compris où son lapereau était passé. Etait-ce son instinct de chasseur ou de mère qui l'avait poussée à l'attraper ? Peut-être une combinaison des deux. J'ai retrouvé des touffes de poils à plusieurs endroits de la maison et je soupçonne notre Minette de l'avoir saisi par le cou plus ou moins comme une chatte procède avec ses petits.

C'est la première et la dernière fois que j'ai vu un tel animal dans notre jardin. Les lapins sont rares par ici. Minette l'avait sans doute capturé près de la maison de retraite, à l'autre extrémité de la rue ; on en aperçoit parfois là-bas. Auquel cas, elle l'avait transporté sur une sacrée distance. À présent qu'il s'était volatilisé, elle était un peu déçue. Moi, j'étais soulagé. Notre jardin regorge de plantes dont un lapin ferait volontiers sa pitance, mais nous estimons plus opportun qu'il satisfasse son appétit ailleurs.

Lorsque je me plains des habitudes de Minette – bien sûr, elle a le droit de chasser les rongeurs, mais pourquoi diable faut-il qu'elle nous les rapporte ? –, les amoureux des chats me trouvent ingrat. La chatte nous gratifie d'un cadeau, disent-ils. Elle veut montrer qu'elle s'acquitte de son devoir et il convient de la féliciter. Au lieu de lui soustraire ses proies, je devrais lui tapoter la tête et lui dire : « C'est bien, Minette. » Mon interprétation des événements est différente et plus prosaïque : notre chambre est le cœur de son territoire et elle rapporte ses proies à la maison, là où elle peut en jouir en toute sérénité.

Mais il est vrai que je doute parfois. Un soir, entendant qu'elle était en pleine chasse, nous avions fermé la porte de la chambre pour ne pas être dérangés par son jeu. Dès potron-minet le lendemain, je la trouvai en train de miauler devant notre porte, où elle avait déposé la souris morte. On aurait vraiment dit qu'elle voulait m'offrir un cadeau.

Les habitudes des prédateurs peuvent être déplaisantes. Que Minette chasse les souris, soit. Ce n'est qu'un petit désagrément. Mais qu'elle chasse les oiseaux que nous avions l'habitude de nourrir l'hiver, c'est une autre histoire. Beaucoup

d'espèces fréquentent notre jardin : des mésanges bleues et charbonnières, des merles, des pinsons, des pinsons du Nord, des rouges-gorges, des troglodytes, des pigeons ramiers et bien sûr des corvidés, des pies, des choucas, des corbeaux et des corneilles. Nous avons même eu le plaisir rare d'admirer des bouvreuils, des gros-becs et des chardonnerets. Au printemps, nous avions l'habitude de nous installer à la table de la cuisine et d'observer avec délectation les oiseaux qui picoraient les graines que nous leur avions laissées.

Désormais, finies, les graines. Nous ne voulons pas donner l'occasion à Minette de faire son marché. Il est arrivé qu'elle revienne avec des rouges-queues, des rouges-gorges et des verdiers. Or nous détestons les voir sous la forme d'un paquet de plumes sanguinolentes sur le tapis de notre séjour. Les passereaux transis et affamés sont des proies trop faciles pour un chat. Et depuis que nous avons installé une chatière, nous n'avons plus la possibilité d'assigner Minette à résidence.

Nous buvons notre café en regardant, non plus des oiseaux, mais une chatte assise de l'autre côté de la vitre. La scène peut paraître charmante, mais nos « moments ornithologiques » nous manquent.

La matinale de la radio consacrée à l'environnement évoque ce problème. Les chats comptent parmi les principaux prédateurs dans notre pays ; c'est surtout dans les quartiers résidentiels qu'ils règnent en maîtres absolus. Ils font disparaître quantité d'oiseaux tous les ans, mais, nous console le journaliste, les volatiles semblent résister à l'extinction de leur espèce.

Quoi qu'il en soit, il est hors de question que nous offrions à Minette des rouges-gorges et des troglodytes sur un plateau d'argent. Nous cherchons à lui interdire de braconner, mais je doute qu'elle se préoccupe de notre opinion. Un chat est un chat et les chats sont des prédateurs. Maintenant que nous en possédons un, nous devons faire contre mauvaise fortune bon cœur et accepter de le voir exprimer sa nature de chasseur. Après tout, il en va ainsi avec les histoires d'amour : il faut s'accommoder des quelques défauts ou mauvaises habitudes de l'être aimé.

9

Nous nous demandons souvent ce que Minette a vécu avant de devenir notre chat. Elle avait bien une vie avant de prendre place sur notre portail dans la grisaille de ce jour de novembre. Nous avons d'abord supposé qu'elle était née au printemps, avait joui d'une vie insouciante pendant l'été, puis s'était trouvée confrontée à la dure réalité de l'automne et du froid.

Le vétérinaire qui l'a examinée avant sa stérilisation a toutefois estimé, d'après sa dentition, qu'elle était de 2009, et non de 2010. Si cette hypothèse est la bonne, elle avait donc un an et demi au moment de notre rencontre, ce qui signifie qu'elle avait déjà vécu pas mal de choses. Notamment, elle avait connu un hiver assez rude. L'hiver 2009 avait été très enneigé et vigoureux en Scanie. Avait-elle un foyer avant de soudain faire son apparition chez nous ?

D'où vient-elle d'ailleurs ? Nous habitons en plein centre-ville. Certes, il y a beaucoup d'espaces verts dans le quartier, mais ce n'est quand même pas la campagne, juste des parcs ou des jardins privés. Minette est l'archétype du chat de ferme suédois, comme on en voit dans presque chaque exploitation agricole. Or la ferme la plus proche se situe à plusieurs kilomètres, et des zones résidentielles et industrielles peu hospitalières la séparent de notre maison. Il me semble peu probable que Minette ait effectué ce trajet. Mais les chats sont curieux. Peut-être a-t-elle sauté dans la remorque d'un camion, puis s'y est-elle retrouvée enfermée ; elle aura fait du stop sans le vouloir. Une fois arrivée en ville, perdue, elle a cherché le meilleur endroit où se réfugier : notre abri de jardin.

Le scénario le plus passionnant, c'est celui qui veut qu'elle n'appartenait à personne et qu'elle se soit débrouillée seule pendant une longue période avant de venir se réfugier dans notre jardin. Dans ce cas, Minette serait presque un chat sauvage et nous estimons parfois qu'elle en a le comportement. Mais, comme je l'ai dit, comment alors aurait-elle survécu à l'hiver précédent ? Nous ne le saurons jamais. Un chat ne peut pas raconter sa vie.

En tant qu'ancien psychiatre, je suis convaincu que ce que nous vivons au cours de nos jeunes années détermine notre identité et notre comportement futurs. Une enfance perturbée, et l'adulte que l'on devient se sent en insécurité permanente et mal à l'aise dans les interactions sociales. À l'inverse, celui qui grandit dans un environnement aimant et serein aura des relations fluides et bienveillantes avec autrui. J'ignore si ces principes valent pour les chats, mais je suis enclin à le penser. Voyons si mon raisonnement tient.

Minette nous a approchés et semblait très déterminée à devenir notre chat. Toutefois, elle était tendue, réticente à se laisser prendre dans nos bras. Pendant longtemps, elle ne sautait pas volontiers sur nos genoux ni ne cherchait le contact physique. Notre ombre se penchant sans prévenir au-dessus d'elle l'effrayait. La peur d'une attaque venue d'en haut est profondément ancrée dans le cerveau des animaux de petite taille : leurs ancêtres ont évolué dans la savane africaine, où les serpents affamés sont légion. Minette nous donne souvent l'impression d'être un chat sauvage furtif, qui n'a compris que nous ne lui voulions pas de mal que de manière très progressive.

Il faut dire que nous ne nous sommes pas montrés tout de suite accueillants. Minette a passé de froides nuits hivernales dehors. Ce n'est donc pas si étonnant qu'elle ait douté de nos intentions exactes. En même temps, je me dis que, si elle avait été plus câline avec nous, nous aurions sans doute fondu plus vite.

De toute évidence, elle était consciente que les humains peuvent être une manne. Assez tôt, nous avons eu le sentiment qu'elle savait qu'on peut conserver de bonnes choses dans un réfrigérateur. Même la télévision paraissait un objet familier pour elle. Nous la regardons peu, mais Minette nous tient volontiers compagnie lorsque nous le faisons. Comme si la situation était pour elle synonyme de sécurité. L'atmosphère est douillette, les humains restent tranquilles. Tout juste font-ils un peu de bruit avec une tasse de café ou un verre. Les premières fois que Minette s'est installée sur les genoux de mon épouse, c'était lorsqu'elle regardait la télévision.

Au tout début de notre relation avec Minette, notre petit-fils a été malade un jour. Il ne pouvait pas aller à l'école et a passé la journée sur le canapé devant la télé. Minette est restée allongée près de lui tout le temps. C'est ainsi qu'ils sont devenus les meilleurs amis du monde. C'était chaud et plaisant pour le petit garçon comme pour la chatte, qui semblait apprécier le vague fond sonore des dessins animés. Minette aime les enfants. Ce jour-là, elle est devenue le parfait chat de famille. L'avait-elle déjà été ?

Il est difficile de trouver un animal plus propre que Minette. Aucun d'entre nous ne l'a jamais vue uriner ou déféquer. Conformément aux us des chats, elle fait ses besoins avec une grande discrétion. La seule exception fut la semaine où nous avons été obligés de la garder à l'intérieur après sa stérilisation. Nous avons alors acheté une litière, que nous avons placée près de la porte de la cuisine après l'avoir garnie de gravier. Minette n'a pas hésité une seconde quant à la manière d'utiliser ces commodités. Cela signifie-t-il qu'elle avait auparavant habité dans une maison pourvue d'une litière ?

Non, je ne pense pas qu'on puisse tirer une telle conclusion. Je pense plutôt que les litières réveillent les instincts profonds des chats. Lorsqu'ils font leurs besoins, ils commencent par gratter un peu, puis éliminent ce qui doit l'être, avant de conclure l'opération en recouvrant le tout. Un jour, elle a d'ailleurs voulu déféquer dans le pot où se dresse notre caféier de deux mètres ; nous l'avons opportunément interrompue avant qu'elle ne trouve la bonne position au bord du pot.

Voilà comment je spécule sur le passé de Minette. J'observe ses habitudes, y réfléchis et me demande de quelle manière elle les a acquises. Je la psychanalyse et interprète ses relations avec les adultes, les enfants et les chiens : comme je l'ai indiqué, elle aime les enfants, mais déteste les chiens.

Cependant, peut-on psychanalyser un chat ? Certains pensent que son comportement est inné dans une large mesure. Qu'il est le résultat d'un ensemble de réactions que la sélection naturelle dans son infinie sagesse a établies chez ce petit prédateur qui se faufile dans les broussailles africaines. Qu'il est aussi prédéterminé par son hérédité que le fait que le chat a deux oreilles triangulaires qu'il peut tourner dans différentes directions, deux yeux perçants capables de repérer une proie dans les ténèbres d'une nuit tropicale et une truffe dotée d'un flair qui n'est certes pas aussi développé que celui du chien, mais néanmoins beaucoup plus sensible que celui de l'homme. Il ne s'agit donc pas de se livrer à des analyses psychologiques profondes. Laissons Freud en dehors de tout ça.

Ces arguments paraissent peut-être scientifiques. Mais sont-ils valides ? Notre fils le pense. Si notre Minette n'apprécie pas ses chiens, c'est parce que aucun chat n'apprécie les chiens, pas parce qu'elle a vécu des expériences traumatiques avec la gent canine.

De mon côté, je m'imagine volontiers que ce que Minette a vécu avant de nous rencontrer a influencé sa personnalité. Cela ne signifie pas pour autant que je croie que la vie psychique des chats est aussi confuse que celle des humains. Ils sont tout simplement trop « bêtes » pour ça, mais ils tirent des conclusions de leurs expériences. De plus, les chatons comme les nourrissons et tous les bébés mammifères ont besoin d'un certain degré de protection et de soins au début. Sinon ils ne survivent pas, que ce soit d'un point de vue physique ou mental. D'où mon hypothèse que le sentiment de sécurité est lié, chez les chats comme chez les humains, aux premiers temps de la vie.

Voilà que je recommence à jouer au psychologue. On dirait que je ne peux pas m'en empêcher. Bon, c'est vrai qu'en tant que psychiatre c'était mon métier de comprendre les pensées et les sentiments des gens. En outre, notre époque tend à la psychologisation. Les hommes n'ont jamais autant voulu se raconter et jamais d'autres personnes n'ont été aussi disposées à les écouter. Et puis, l'intérêt pour la vie intérieure d'autrui est profondément ancré dans notre nature biologique.

La plupart des primates sont des animaux qui vivent en groupe, et l'homme est le plus sociable d'entre tous. Notre faculté de penser s'est développée dans un contexte où il était important de comprendre ce que les autres membres du groupe pouvaient rechercher. Un bon point de départ est de considérer que ces derniers pensent et éprouvent des sentiments plus ou moins similaires aux nôtres et que leurs projets et intentions en découlent. Or nous ne le pensons pas seulement des autres hommes, mais aussi, par exemple, des chats. Nous allons parfois jusqu'à prêter une vie psychique à des machines inanimées, comme des ordinateurs ou des voitures, et celles-ci sont victimes de notre courroux lorsqu'elles ne se comportent pas comme nous le voudrions.

Bien sûr, notre Minette peut agir à dessein et compter sur notre capacité à déchiffrer ce qu'elle a en tête. Elle se dirige vers une porte fermée et regarde d'abord la poignée, puis moi. En serviteur obéissant, je pose mon journal et quitte mon fauteuil confortable pour aller lui ouvrir. Elle se faufile alors sans m'accorder le moindre regard de gratitude. Lorsque je me lève le matin, elle sait que c'est le moment de se frotter contre mes jambes en ronronnant, étant donné que cette manœuvre aboutit souvent à ce que je gagne la cuisine pour lui donner à manger. En bref, elle est capable de se servir du fait que nous réfléchissons sans cesse à ce qu'elle attend de nous. Cela fait partie de ses compétences d'animal social.

Cependant, il est probable que nous interprétions trop ses attitudes et comportements, nous lui prêtons des intentions et des sentiments qui n'existent pas. Nous pensons qu'elle nous lance des regards chargés de reproches lorsque nous ne faisons pas ce qu'elle veut. Mais un chat peut-il adresser des reproches ? Implorer et mendier, ça oui, mais reprocher ?

L'autre jour, j'ai par accident marché sur la queue de Minette. Elle m'avait suivi dans la cuisine sans que je m'en aperçoive. Par chance, je ne l'ai pas blessée, mais je lui ai fait mal, comme me l'a fait comprendre son miaulement déchirant. Elle a filé dans un coin de la pièce, d'où elle m'a lancé un regard réprobateur. Du moins est-ce l'impression que j'ai eue. Je me suis senti coupable et triste. Je n'ai jamais voulu lui faire de mal. Au contraire, j'aimerais qu'elle ait confiance en moi.

Mais comment s'excuse-t-on auprès d'un chat ? Ma réaction spontanée a été de la prendre dans mes bras, de la caresser et de lui parler avec douceur. Un humain comprendrait ces gestes, un chien aussi sans doute. Minette, je ne sais pas, car elle n'aime pas spécialement être portée. Toutefois, lorsque j'ai plaqué ma joue contre sa petite tête, elle a ronronné et cela m'a fait du bien. Mais au fond, elle se moquait éperdument de mon besoin d'obtenir sa mansuétude. Cette histoire de queue n'était pas si grave ; ce qu'elle voulait maintenant, c'était l'en-cas pour lequel elle m'avait suivi.

J'espère qu'elle n'est pas rancunière. Certains chiens le sont, mais je n'ai jamais remarqué de telles tendances chez Minette. Non, les chats ne sont sans doute pas des animaux assez sociaux pour être capables de ressentiment. Darwin affirme qu'un chien fait la distinction entre le fait qu'on trébuche sur lui par accident et un coup de pied intentionnel. Je ne pense pas que cela vaille pour le chat.

Peut-on comprendre les animaux en utilisant ses propres schémas de représentation ? Cette question a été discutée avec le plus grand sérieux par les scientifiques. Au milieu du XXe siècle, l'anthropomorphisation était considérée comme un faux pas qu'aucun chercheur ne devait se permettre. Il fallait se contenter de lister soigneusement les stimuli auxquels on avait soumis l'animal pour ensuite consigner froidement ses réactions. Essayer de se représenter ce qu'il avait pu penser ou ressentir était considéré comme frôlant la niaiserie.

Désormais, notre regard sur ce péché mortel est plus indulgent. Les chercheurs qui étudient le comportement des animaux sociaux estiment souvent que la vie affective des primates ressemble beaucoup à la nôtre. C'est Jane Goodall, cette jeune secrétaire britannique qui s'est installée au milieu des chimpanzés de Tanzanie, qui a mis un terme à ce tabou. Elle était d'une curiosité insatiable et documentait avec une grande minutie le comportement des singes. Son manque de formation académique l'a mise à l'abri des procédures scientifiques trop strictes. Sans y réfléchir, elle a attribué des noms à ses objets d'étude et s'est imaginé que leur vie intellectuelle et affective était comparable à la sienne. Sa démarche se révéla fructueuse. On comprend tout simplement mieux les singes lorsqu'on suppose qu'ils réagissent plus ou moins comme nous.

Ne pourrait-on pas procéder de la même manière avec les chats ? Si je pars du principe que la vie psychique de Minette est proche de la mienne, n'ai-je pas de meilleures chances de la comprendre que si je la considère comme une visiteuse venue d'une autre planète ?

J'ai tellement soif de comprendre Minette, de savoir comment elle a acquis la personnalité que je lui prête, que je prends probablement mes désirs pour des réalités. Je m'insinue dans sa boîte crânienne et j'interprète, j'interprète, j'interprète... Mais un chat est un chat et les chats sont très différents de nous, les hommes. Les chimpanzés de Jane Goodall, c'était une tout autre histoire, car ils sont « nos cousins ».

D'un autre côté, est-ce un problème si je me trompe quand j'interprète les intentions de Minette ? L'un des plaisirs du propriétaire d'un animal de compagnie n'est-il pas au contraire de l'humaniser ? Lorsque je suis sur le point de craquer parce qu'une connexion Internet « refuse » de fonctionner, Minette me rejoint dans mon bureau et se frotte contre mes jambes. On dirait qu'elle cherche à me réconforter. Je sais que c'est faux, mais cela me fait du bien de croire qu'elle compatit. Je la caresse de plus belle et son ronronnement redouble.

Les hommes se réconfortent avec des paroles. Les jeunes amoureux ne cessent de se parler. Ils sont à l'affût du moindre signal de l'autre et les mots cimentent leur lien. C'est le fait d'échanger et non le sens des mots lui-même qui compte. À l'inverse, lorsqu'un conflit éclate, le silence est glaçant et les quelques piques lancées minent la relation plus qu'elles ne la construisent.

Nous ne cessons de parler à notre Minette. Notre ton est caressant et chantant, comme lorsqu'on s'adresse à un bébé : « Petite puce, regarde ces belles fleurs », disons-nous. Je ne pense pas qu'elle comprenne un traître mot de notre discours. Est-elle même capable d'interpréter notre ton caressant ? Pour autant, nous ne pouvons nous empêcher de lui parler. Nos mots doux sont notre manière de lui montrer que nous tenons à elle.

Minette s'intéresse-t-elle à la relation que nous tentons d'établir avec elle ? Ou seuls le gîte et le couvert la motivent-ils ? Elle bénéficie de mets subtils ainsi que de fauteuils confortables et de lits douillets où dormir en boule. Elle jouit de ces avantages avec une assurance qui semble aussi spontanée que légitime. Sa satisfaction ne fait aucun doute, mais éprouve-t-elle de la reconnaissance ?

Doris Lessing a écrit un petit livre, ou plutôt un long essai, sur Rufus, son chat. Son nom lui venait de sa fourrure rousse. Rufus est en assez piteux état lorsqu'il intègre la maisonnée de Lessing, qui compte déjà deux chats. Son poil est hirsute, ses côtes sont visibles, et il boit de telles quantités d'eau que sa maîtresse soupçonne immédiatement un problème rénal, une crainte que le vétérinaire confirme. L'amoureuse des chats qu'est Doris Lessing recueille bien sûr cette pauvre créature. Elle la nourrit, la laisse dormir à l'intérieur et l'emmène à plusieurs reprises chez le vétérinaire. Rufus lutte avec ténacité et application pour se faire une place sur les genoux du prix Nobel de littérature. Les deux chats de salon doivent ravaler un peu de leur fierté et admettre que leur position de favoris de la maîtresse ne va pas de soi.

Une grande partie du charme de l'ouvrage tient à la description des différentes personnalités de ces chats. L'un des vieux matous bien établis chez Lessing est joueur et curieux ; c'est un explorateur, selon Lessing. L'autre est un beau grand chat d'apparat imbu de lui-même. Il a la délicieuse conviction d'être irrésistible et d'avoir droit à la première place dans le cœur de sa maîtresse. Rufus est l'outsider, un prolétaire qui, après un parcours semé d'embûches, est immensément reconnaissant d'avoir enfin trouvé un foyer et de faire l'objet des attentions de sa propriétaire, mais qui possède également une conscience obstinée qu'il doit manœuvrer pour supplanter ses anciens chouchous.

À l'instar de Lessing, je ne doute pas un instant que chaque chat a sa personnalité propre. Cependant, un chat peut-il éprouver de la reconnaissance ? La conviction de l'auteur n'est-elle pas sa manière de créer un lien affectif avec Rufus, qui n'existe peut-être pas ? Je soupçonne qu'elle humanise ses chats parce qu'elle est incapable de s'en empêcher. Si elle avait été à la place de Rufus, elle aurait été reconnaissante et elle s'imagine donc spontanément que chaque créature qu'elle croise pense et ressent les mêmes choses qu'elle.

Je me suis parfois demandé si le siège de la vie psychologique des chats ne se situait pas dans leur queue. Pourquoi en auraient-ils une sinon ? Certes, cet appendice ne manque pas d'élégance lorsqu'ils s'assoient et l'enroulent autour d'eux. Et Minette a fière allure lorsqu'elle descend l'escalier, la queue dressée avec coquetterie.

S'agit-il simplement d'un vestige qui rappelle qu'ils sont des vertébrés : une tête à l'avant, deux paires d'extrémités plus ou moins au centre de leur corps et ce prolongement à l'arrière, voilà le plan de base. Peu de vertébrés ont transformé leur queue en un véritable avantage, l'atèle constituant une remarquable exception. Au contraire, beaucoup se sont purement et simplement débarrassés de cet appendice encombrant : les grenouilles, nous-mêmes, bon nombre d'autres primates et, bien sûr, les parents les plus proches des chats, les lynx, qui n'ont conservé qu'un petit moignon et ne semblent pas s'en porter plus mal.

Alors pourquoi les chats possèdent-ils une queue ? Leur sert-elle à exprimer des sentiments ? Dans ce cas, à qui s'adressent-ils ? Nous autres, humains, transmettons un nombre incroyable de signaux avec nos seules mimiques et notre langage corporel. Si nous avions une queue, je suis persuadé que nous l'utiliserions de mille manières. Le port de queue serait un marqueur de classe sociale important. Les amoureux entremêleraient leurs appendices et une rosette fixée dessus exprimerait davantage que mille mots. Nos stylistes auraient d'infinies perspectives de créations des plus fantasques. Pourquoi ne pas les teinter, les habiller de fleurs ou les friser au gré des modes. Les comédiens seraient obligés d'apprendre différentes postures de queue. Oui, que ne pourrait-on exprimer avec une queue ? Tiens, je suis presque triste de ne pas en avoir une. Je pars bien sûr du principe que notre queue serait couverte de fourrure comme celle des chats. Si elle était nue comme celle des porcs, elle serait avant tout répugnante.

Même si certains des « chats malins » de T. S. Eliot fréquentent des clubs londoniens ou apparaissent dans des théâtres, la plupart des chats ne le font pas. Ils se déplacent seuls dans la nature, à la recherche de petits rongeurs et d'oisillons, et ils n'ont pas besoin de queue, laquelle peut au contraire se révéler encombrante. Alors, à quoi sert-elle ?

Lorsque Minette maintient la sienne entre ses quatre pattes et en lèche le bout, nous la trouvons très mignonne. Parfois elle se livre à cette activité bien plus longtemps que ce que l'hygiène requerrait, et nous pensons à un enfant qui suce son pouce. Nous apprécions la queue de Minette et estimons qu'elle contribue à sa beauté. Nous avons l'impression qu'elle la balance avec fierté ou qu'elle la laisse pendre de manière mélancolique, mais rien ne dit que notre interprétation soit correcte. Nous pourrions aussi bien avoir raison que tort. Le pourquoi de la présence de la queue des chats reste donc l'un de leurs secrets les plus impénétrables. Je ne suis même pas certain que la science possède une réponse.

Où vais-je avec toutes ces spéculations sur la vie psychique des chats ? Tout ce dont je suis sûr, c'est que nous ne nous comprendrons jamais vraiment. Je ne serai jamais un docteur Dolittle, capable de parler aux animaux, pas plus que Minette ne deviendra un Findus, susceptible de faire entendre raison à Pettson. Malgré tout, Minette et moi sommes très bien ensemble. Mais je soupçonne quand même notre relation d'être en partie fondée sur des malentendus. Ainsi soit-il ! Longue vie à ces malentendus !

10

Jean Cocteau, le poète avant-gardiste français, aurait déclaré qu'il préférait les chats aux chiens pour la simple raison qu'il n'y a pas de chat policier. Le fait que les chiens soient prêts à se soumettre à l'homme par loyauté est une véritable catastrophe, a-t-il ajouté.

Pour les chiens, l'intégration est plus importante que la liberté. De ce point de vue, ils ressemblent à beaucoup d'hommes, qui préfèrent assumer la position la plus basse dans une hiérarchie plutôt que de rester seuls. Les chiens sont soumis à leur maître et remplissent volontiers leur rôle de gardien. Bref, ce sont de parfaits agents de police. Dans le pire des cas, ils se transforment en caporal-chef. Celui qui se situe au bas d'une hiérarchie exerce volontiers le peu de pouvoir qu'il a, en aboyant par exemple.

Petit chat, petit chat
Petit chat sur le chemin

À qui appartiens-tu, à qui appartiens-tu ?
Eh bien, ma foi, à moi-même.

Voilà la traduction d'un célèbre poème de Piet Hein, un scientifique et designer de meubles danois ; ce n'est pas un hasard s'il l'a composé pendant l'occupation allemande. Le chat, contrairement au chien, est un parfait symbole d'indépendance.

Minette illustre ces vers à merveille : elle suit son propre chemin. Lorsque nous l'appelons, elle vient si cela lui chante, et lorsque nous tapons sur le canapé ou sur nos genoux, elle ignore royalement nos incitations à venir s'y installer si ses désirs sont autres. Au fond, cela me plaît.

Je dois être un « homme à chats ». J'ai toujours eu du mal à m'identifier à un groupe. À l'époque où j'étais médecin, je m'imaginais volontiers que, certes, j'évoluais parmi mes collègues et accomplissais plus ou moins les mêmes missions, mais que je n'étais pas vraiment l'un des leurs. *Idem* quand j'ai travaillé avec des biologistes et des chercheurs en théologie. J'étais à l'aise en leur compagnie, ils appréciaient mon travail et je me sentais très bien à leurs côtés, mais je choisissais quand même de me tenir un peu à l'écart. Est-ce une forme d'indépendance d'esprit, d'incompétence sociale, de vanité ? À moins qu'il ne s'agisse carrément de faiblesse, d'une peur de s'investir complètement dans une tâche ?

Minette elle aussi est un outsider. Elle a choisi de vivre avec nous, mais elle n'imagine pas un instant faire partie de notre troupeau. Les chiens, selon moi, ne sont pas futés ; ils sont incapables de distinguer hommes et bêtes. Notre petite minette ne commet pas une telle erreur. Nous sommes nous et elle, ma foi, est elle. Je ne peux nier que ce trait asocial – notez bien que je n'emploie pas le terme *antisocial* – de sa personnalité me séduit. Cela ne signifie pas qu'elle n'est pas sympathique. Elle peut ronronner et se montrer câline plus ou moins comme je suis capable de fréquenter des gens, de les divertir et d'être de bonne compagnie. Mais au fond, Minette comme moi voulons suivre notre propre chemin. De ce point de vue, nous sommes semblables. Nous n'appartenons qu'à nous-mêmes, comme dit le poème.

L'indépendance de Minette certes crée un sentiment d'insécurité, pour elle comme pour nous. Elle s'exclut d'elle-même et nous avons parfois des doutes quant à la nature de notre relation. Lorsque je cherche sa présence pour la caresser, il arrive qu'elle se dérobe, irritée. Je me sens alors éconduit. C'est quand même nous qui lui fournissons nourriture et logis, elle pourrait se fendre d'un petit effort.

« Où est Minette ? » nous demandons-nous plusieurs fois par jour, et la réponse est souvent : « Aucune idée ! » Car Minette s'installe volontiers aux endroits où elle est difficile à trouver.

Finalement, le moment où nous sommes le plus sereins, c'est quand elle dort dans son panier près de la fenêtre de mon bureau ou sur le lit de mon épouse.

On dit parfois que les chats sont, avec les chiens, les seuls animaux domestiques qui aient choisi de l'être. Tandis que les chevaux, les moutons, les bovidés et même les éléphants ont été capturés et domestiqués, les chats se sont rapprochés des habitations des hommes de leur propre initiative. Pas tout de suite cependant.

Aussi longtemps que nos ancêtres ont assuré leur subsistance en chassant et en ramassant des graines et des racines, les chats ne se sont pas souciés d'eux. D'ailleurs, la savane grouillait de souris et de rats. L'été apparaissaient quantité d'oisillons et parfois de grandes nuées de sauterelles. Ces chasseurs habiles ne manquaient pas de gibier.

Mais lorsque l'homme, il y a environ dix mille ans, a commencé à cultiver des céréales, il a suscité l'intérêt des chats. Car les petits rongeurs qu'ils chassaient se sont rassemblés dans les réserves de graines : le rat sur le grain et le chat sur le rat.

Les chercheurs en génétique ont situé les origines de presque tous les chats domestiques au Moyen-Orient et en Egypte. De fait, c'est là que l'agriculture a d'abord pris son essor, et les chats sauvages du secteur n'ont pas tardé à s'approprier cette manne.

J'ai eu l'occasion de contempler un chat sauvage africain dans son milieu naturel. Il était tapi dans la froide nuit hivernale, à quelques kilomètres à l'extérieur du grand camp touristique de Satara dans le parc national Kruger, en Afrique du Sud. L'endroit est connu pour regorger de lions et de léopards. À la différence des grands fauves, qui sont facilement observables dans la savane dégagée, un authentique chat sauvage est bien plus difficile à repérer. Il est nocturne, furtif et ses couleurs grisâtres se fondent parfaitement dans la végétation asséchée du bush.

Nous avions réservé un safari de nuit et roulions au milieu du paysage monotone. Au bout d'un moment, l'un des touristes a lâché un cri : il avait aperçu quelque chose dans l'obscurité. Lorsqu'on a braqué le projecteur du véhicule sur le petit chat, il a plissé les yeux, mais a néanmoins eu l'amabilité de rester et de se laisser admirer. Son visage présentait une ressemblance frappante avec celui de notre petite minette. Sa fourrure était d'un gris plus uniforme et plus clair que la sienne, mais les bandes sombres entre ses oreilles étaient parfaitement visibles, comme chez Minette. Nul ne pourrait douter que le chat domestique qui dort sur notre lit et ce chat sauvage de la savane désertique africaine appartiennent à la même espèce.

Les chiens pékinois, les chevaux islandais et les vaches rouges suédoises tachetées ont manifestement été créés au gré des désirs humains et ont un rapport distendu avec leurs congénères sauvages. En revanche, la plupart des chats qui vivent dans le voisinage immédiat des hommes ont conservé une grande partie de l'apparence et du tempérament des chats sauvages. Même les chats de race comme les persans et les siamois ont gardé une plus grande part de leur nature sauvage que le plus simple des corniauds.

Tandis que les chiens se sont rapidement intégrés à la meute humaine, les chats ont fondé leur relation avec les hommes sur une tout autre base. Selon leur point de vue, ces derniers ont une mission : amasser des ressources, et donc attirer dans leurs granges les proies dont les chats se nourrissent, campagnols et souris.

Les chats ne sont pas devenus les camarades de chasse des hommes, comme les chiens. Ils ne sont pas devenus des esclaves non plus, à l'instar des chevaux et des bœufs. Ils ne produisent pas de lait ni de viande comme les vaches ou les porcs. Cependant, l'homme a rapidement remarqué qu'il avait tout intérêt à avoir un chat. Cela lui permettait d'avoir plus de grain dans sa grange et moins de crottes de rats dans son grain.

Et les adorables chatons, avec leurs grands yeux implorants et leur fourrure soyeuse, sont devenus les favoris des enfants, une espèce de peluche vivante. Les chats étaient donc tolérés et même appréciés. Sans être pour autant de véritables habitants de la maison comme les chiens. Souvent cantonnés à l'orée des fermes, dans la zone tampon entre animaux sauvages et animaux domestiques.

Quand on compare les chats infidèles aux chiens loyaux, les premiers s'en sortent plutôt mal. « Entre le chat et l'homme, expliquait Linné à ses étudiants, il existe une antipathie naturelle, que personne n'a encore pu dépasser ou expliquer. » Une chose était sûre : celui qui avait un chat dans son lit tombait malade. Linné, pourtant, aimait les animaux. Il écrivait avec tendresse et perspicacité à propos de Diana, son cercopithèque, et de Sjupp, son raton laveur, qui vivaient tous deux dans sa maison d'Uppsala. D'où lui était venue cette idée folle qu'il est dangereux de dormir avec un chat ? Etait-ce le faible goût des chats pour les effusions – Diana et Sjupp étaient très sociables – qui l'avait amené à prendre ses distances à l'égard de ces animaux propres et totalement inoffensifs pour l'homme ?

Sven Nilsson, professeur de biologie à Lund au milieu du XIXe siècle, n'en pensait pas grand bien non plus. Tandis que les chiens étaient de fidèles compagnons de chasse, les chats étaient en compétition avec les hommes pour le petit gibier. Tout juste pouvait-on les tolérer parce qu'ils attrapaient les rats et les souris.

Selon Nilsson, le chat sauvage européen était un « dangereux prédateur », qui capturait aussi bien des oiseaux que des poissons, et les chats domestiques avaient conservé une grande partie du tempérament de leurs cousins. Leur « caractère sournois » ne pouvait jamais être « complètement éradiqué ». Il donne quelques exemples parlants : à Västra Odarslöv, à quelques kilomètres de Lund, un chat domestique retourné à l'état sauvage avait tué plusieurs agneaux, et il évoque des cas de chats ayant « assassiné des enfants sans défense dans leur berceau » ou « ayant gravement blessé des personnes âgées ». Il ne fallait donc surtout pas avoir un chat dans sa chambre à coucher : lorsque la bête voyait la carotide battre sous la peau du cou, cela la poussait à attaquer ; elle griffait ou mordait l'artère et le maître imprudent risquait alors de succomber à une hémorragie. Les chats, écrit Sven Nilsson, s'en prennent à « des animaux sans défense même sans avoir faim ». Ils sont sanguinaires et cruels. « En même temps, ils sont paresseux et poltrons. »

Ce portrait n'est pas reluisant, mais à l'époque de Sven Nilsson il était habituel de moraliser quant aux habitudes des animaux. Et puis, malgré tout, son jugement n'est pas sans fondement aucun. Minette attrape des souris et des oiseaux uniquement parce que cela l'amuse. Elle est paresseuse et il est clair qu'elle peut se montrer couarde. « Mieux vaut fuir que se battre ! » semble être sa maxime. Cependant, j'ai du mal à m'émouvoir de tous ces défauts. Désormais, nous ne moralisons plus sur le comportement des animaux.

Par ailleurs, l'esprit du temps a changé. Linné et Sven Nilsson considéraient le chat comme faux et indigne de confiance. Le chien, toujours attentif aux désirs de son maître et prêt à lui obéir au moindre claquement de doigts, était en revanche « le meilleur ami de l'homme ». La fidélité – et non la liberté – était la vertu par excellence. Au début du XXe siècle, les grands penseurs ont exprimé une autre opinion et Jean Cocteau a fait du chat un idéal dans les coteries littéraires et artistiques au sein desquelles il aimait se mouvoir. Dans ces cercles, la liberté, l'indépendance et l'indifférence à l'égard du statut social étaient plus importantes qu'une loyauté sans faille.

Ce n'est peut-être pas un hasard s'il est devenu de plus en plus fréquent d'avoir un chat chez soi. L'homme moderne se représente volontiers comme un individu sans attaches et libre de ses choix. Il lui est donc plus facile de s'identifier aux chats. De fait, les chats sont parfois démonstratifs dans leur refus d'admettre leur dépendance à l'égard des maîtres : ce comportement nous attire bien plus que le désir obsessionnel des chiens d'obéir. Qui ne voudrait pas être davantage sauvage qu'apprivoisé ?

Minette nous a choisis, pas l'inverse. Les chats procèdent ainsi depuis des milliers d'années et c'est sans doute pour cette raison qu'ils dressent leur queue avec tant de fierté. Ce sont des individualistes autonomes, qui refusent de s'intégrer au troupeau. Ils jouissent du degré d'indépendance dont quantité de gens rêvent.

11

Le chat ne peut être taxé d'excès de zèle. À l'instar de tout prédateur, il gaspille rarement son énergie sans la promesse de résultats immédiats. Un chat endormi est l'une des visions les plus apaisantes qui soient.

La nature se montre parfois d'une extraordinaire prodigalité, mais elle est fondamentalement économe. La sélection naturelle est une école de discipline. Tous les gènes qui ne contribuent pas à la pérennisation de l'espèce sont écartés sans aucune pitié. Un organisme a besoin de nourriture pour pouvoir continuer à vivre et se reproduire. Par ailleurs, il faut des atours pour attirer l'attention de ces « dames ». En revanche, les subtilités inutiles – qu'elles concernent le comportement ou l'apparence – disparaissent progressivement. Ce qui est remarquable, ce n'est pas qu'un chat choisisse de passer une grande partie de sa vie à dormir ; la question est plutôt : Pourquoi les hommes ne font-ils pas de même ?

Nous sommes en permanence occupés à tout un tas d'activités qu'on peut estimer futiles. Il faut que nous lisions ce livre, que nous passions cet appel ou terminions ce travail. Il faut que nous échangions les derniers cancans avec nos amis, parents et collègues, que nous nous tenions au courant de ce qui se passe dans la société, sur notre lieu de travail ou dans les cercles politiques. Nous consacrons du temps et de l'argent à nous habiller correctement, à manger convenablement et à nous informer des dernières tendances de la mode... Oui, on peut se demander pour quoi nous ne serions pas prêts à gaspiller du temps. Les chats sont à l'abri de ces contrariétés, à moins qu'il ne s'agisse de sujets de petits plaisirs du quotidien.

Lorsque je me détends, cette pause est souvent intégrée dans un processus plus global : « J'en profite pour me relaxer maintenant, car dans une heure je dois... » Un chat ne s'encombre pas de tels bémols ; il vit pleinement dans le présent. Quand Minette se roule en boule dans son panier ou s'étire sur le lit, on dirait qu'il lui est absolument impossible d'être autre chose que détendue.

Linné partageait cette opinion. Le chat, déclarait-il, est l'animal qui possède le sens du confort le plus développé. Il « est capable de rester allongé près du fourneau toute la journée sans se préoccuper de son repas ni songer au lendemain ». Linné l'hyperactif, toujours anxieux de son statut, jalousait peut-être les chats pour cette absence de tourments. Je peux le comprendre.

Quand je vois Minette lovée dans sa couverture, tous ses muscles parfaitement décontractés, elle me communique sa quiétude. La nonchalance est contagieuse, tout comme le bâillement et le rire. Sa présence qui va de soi dans un « ici et maintenant » paisible m'aide à trouver la paix.

Linné n'a pas seulement remarqué que les chats étaient indolents ; il a également souligné qu'ils avaient « le sommeil léger ». Un chat endormi peut en un temps record éveiller ses sens et rendre ses muscles parfaitement opérationnels pour la fuite ou le combat. Cette capacité repose sur une compréhension rapide du présent. S'est-il produit un événement qui exige que j'agisse ? Non, manifestement rien qui ne soit digne de mon attention ! Et le chat se roule en boule à nouveau, actionne l'interrupteur du cerveau sur la position « détente ».

Parmi les psychothérapeutes, le mot *mindfulness*, qui signifie une présence totale dans l'instant, a le vent en poupe. Les chats sont les maîtres incontestés en la matière. Les observer faisant leur toilette est très intéressant. Avec lenteur et méthode, ils lèchent leurs pattes postérieures, puis les antérieures, le ventre et le dos. Leur queue reçoit une attention toute particulière. Vient ensuite le moment de se frotter le visage avec une patte avant, puis l'autre. Minette semble au comble de l'épanouissement lorsqu'elle se livre à ce rituel, comme si elle s'abîmait dans le bonheur de pouvoir s'occuper d'elle-même, presque à l'instar d'une adolescente en train de se maquiller.

Moi, j'ai grand besoin de me concentrer sur une chose à la fois. Tout ce qui n'est pas lié à la tâche qui m'occupe m'irrite. Je ne peux pas, par exemple, lire avec un fond musical. Non, soit je veux lire, soit je veux écouter de la musique. L'une comme l'autre de ces activités requièrent ma pleine attention et je m'efforce avec plus ou moins de succès d'éviter toute distraction. De ce point de vue, Minette m'est infiniment supérieure.

J'aime la musique classique, tout particulièrement les œuvres composées au cours des cent cinquante dernières années. Et la musique de chambre, comme les quatuors à cordes, m'attire tout autant que la musique d'orchestre imposante comme celle de Tchaïkovski, Mahler, Sibelius, Prokofiev ou Chostakovitch, de puissantes symphonies où les cent membres de l'orchestre poussent leur instrument dans ses derniers retranchements. Pour satisfaire mon désir de musique, je me suis acheté un système hi-fi de grande qualité avec un ampli et des enceintes dignes de ce nom.

Minette, elle, n'est probablement pas mélomane, car elle s'installe volontiers dans une autre pièce quand j'écoute de la musique. Parfois, pourtant, elle s'étend sur le tapis entre les deux enceintes d'un mètre cinquante de haut. Mahler ou Chostakovitch retentissent à pleine puissance, mais, au milieu de cette démonstration sonore, la chatte est parfaitement détendue. Elle fait éventuellement un peu sa toilette, puis se roule en boule et s'endort sans aucune difficulté.

L'espace d'un instant, j'oublie le morceau et considère Minette, étonné. Comment est-ce possible ? Elle possède une ouïe d'une extrême finesse. Elle est capable d'entendre une souris qui fouine furtivement dans la pièce voisine, mais, lorsque Mahler lance un assaut de timbales et de trompettes, elle reste impassible, se contente de continuer à nettoyer sa fourrure. En revanche, si une clé grince dans la serrure au rez-de-chaussée, elle réagit sur-le-champ. On dirait que ses oreilles triangulaires ignorent les sons les plus puissants pour mieux se concentrer sur les plus petits : le léger grattement d'un oiseau parmi les feuilles mortes, le cliquetis d'une clé. Je ne peux que lui envier cette capacité à se moquer du bruyant – lorsqu'il est sans importance pour elle –, pour à la place détecter le discret, plus essentiel. Mes sens émoussés de vieil homme fonctionnent exactement à l'inverse : le vacarme de la rue couvre le chant des oiseaux et les gaz d'échappement me cachent le parfum des fleurs.

Les chats sont non seulement capables de distinguer l'essentiel du futile, mais ils apprécient en outre la qualité. Plusieurs fois, nous avons cédé à la tentation et acheté une petite boîte de mousse de saumon en remplacement des habituelles croquettes. Cette initiative a été appréciée au plus haut point et, au fil du temps, les boîtes de saumon se sont invitées de plus en plus fréquemment au menu.

Parfois, nous nous sommes dit qu'elle pourrait essayer d'autres préparations, moins élaborées. Elle les renifle avec méfiance, goûte avec précaution, lèche la sauce ou la gelée, puis elle retourne à ses croquettes. Le reste de la boîte demeure sur l'assiette, où il devient de moins en moins appétissant à mesure que le temps passe. L'attitude de Minette évoque la distance subtile du gourmet face aux mets plus ou moins délicats qu'on lui présente. « Pourquoi manger de la saucisse et boire de la bière alors qu'il y a des huîtres et du champagne ? »

C'est un point de vue, certes, mais nous ne le partageons pas. Pour nous, c'est une question de principe : la différence de prix entre ces pâtées haut de gamme et les autres est infime, mais nous estimons que Minette ne devrait pas être chouchoutée en permanence. Après tout, nous ne nous offrons pas nous-mêmes de tels extras. Et nous considérons que la joie liée au luxe est plus grande si les occasions sont rares. Mais Minette se fiche éperdument de nos principes moraux. Elle préfère attendre lorsqu'un plat n'a pas l'heur de lui convenir. Elle semble penser que, tôt ou tard, quelque chose de meilleur fera son apparition. Notre chatte est pourrie gâtée.

Par ailleurs, elle exige de la variété. Tandis que les chiens avalent gentiment la même chose jour après jour, les chats ont des lubies. Elle s'est délectée pendant un certain temps de mousse de thon, et d'un seul coup cela ne lui convient plus. Nous sortons la boîte du réfrigérateur et elle ronronne comme à son habitude, mais lorsque nous en versons le contenu sur son assiette, elle le renifle, puis se tourne de manière ostentatoire vers ses croquettes.

« Qu'est-ce que c'est que ces caprices ? pensons-nous. La nourriture que nous te donnons est on ne peut plus correcte, alors tu vas nous faire le plaisir de la manger. » Nous ne lui proposons rien d'autre. Le soir, comme elle n'a toujours pas touché à la mousse au thon, nous la remettons dans la boîte, que nous plaçons dans le réfrigérateur. Le lendemain matin, nous la ressortons. Elle est à nouveau accueillie par un regard dédaigneux : « Ne pensez pas que je n'ai pas faim, mais je suis lasse de ce truc, alors je préfère le laisser où il est. »

Je fais partie de ces gens qui essaient de respecter certains principes dans leur vie, sans jamais y parvenir. Nous lui présentons la mousse au thon une troisième fois, avec le même résultat. « Bon, me dis-je, il va falloir que nous essayions la mousse de saumon alors. » Et ma foi, cela lui convient. Une boîte coûte cinq couronnes, pas de quoi fouetter un chat. Malgré tout, j'ai un léger sentiment d'échec moral ; je devrais me montrer plus ferme.

L'épicurisme de Minette ne se limite pas à la nourriture. Il existe également de bons et de moins bons endroits pour dormir. Comme je l'ai dit, elle passe la majeure partie de la nuit sur une serviette éponge sur le lit de mon épouse. Mais un jour nous avons acheté de nouvelles housses de couette, et elle s'est vite aperçue qu'il était plus agréable de s'allonger directement sur elles.

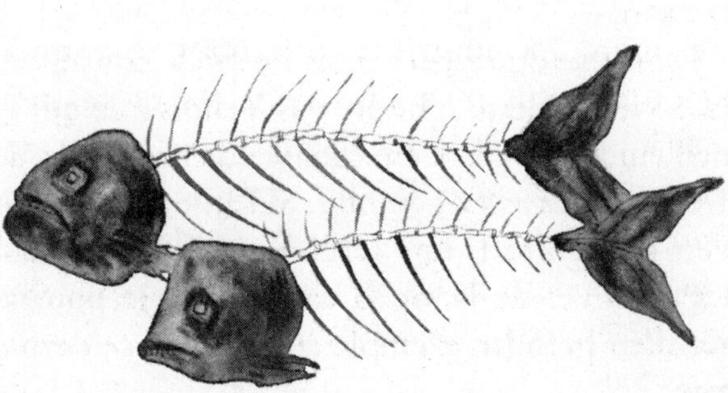

Elle a donc pris grand soin de s'installer juste à côté de la serviette, qu'elle devait trouver rêche. Le message était on ne peut plus clair.

À ce stade, je suppose que le lecteur a compris que ma chatte est une hédoniste totalement dénuée de scrupules – un être jouisseur qui n'éprouve pas la moindre honte à ce sujet, mais qui accepte au contraire sans manières les meilleures choses qu'on lui offre. Cette attitude a quelque chose de séduisant. Durant sa courte vie, Minette a connu deux situations extrêmes. Elle a dormi dehors par de froides nuits d'hiver et la voici à présent choyée. Sa force réside dans sa capacité à tirer le meilleur parti de la situation. On peut tout à fait dormir dans un panier au milieu d'outils contondants, si la seule autre option est le froid glacial du dehors, mais, cela va de soi, un lit moelleux avec une serviette éponge, c'est mieux. Pour ne pas parler d'un lit aux draps de satin.

J'éprouve du respect pour une telle conception de la vie. Minette n'hésite pas à choisir ce qui est meilleur, mais elle a été capable de supporter des circonstances assez pénibles. Si l'amour de l'effort n'est pas son fort, une certaine patience à l'égard des épreuves de la vie la caractérise. Je pourrais très bien prendre exemple sur elle sur ce dernier point.

12

Le printemps est là. Les perce-neige et les nivéoles sont fanés depuis longtemps et même les crocus ont l'air fatigués. C'est la période bleue de Lund, car les jardins de ce qu'on appelle la ville des professeurs sont couverts de scilles. Dans quelques semaines, ce sera le tour des magnolias. La variété précoce que nous avons dans notre jardin est déjà en boutons ; les fleurs écloront lorsque les étudiants chanteront pour célébrer l'obtention de leurs examens.

C'est notre deuxième printemps en tant que propriétaires d'un chat. Minette est enchantée. Elle passe une grande partie de ses journées dehors et semble apprécier que nous lui tenions compagnie parfois. Mais elle sait aussi très bien s'occuper seule : elle chasse les papillons et les bourdons et nous rapporte une souris de temps à autre.

Cela fera bientôt un an et demi que Minette est apparue sur notre portail et nous a demandé l'hospitalité. Elle est devenue un élément incontournable de notre quotidien, ce dont je suis ravi. Etre confronté à une situation totalement inattendue – pour peu qu'il ne s'agisse de rien de plus grave que d'hériter d'un chat – permet d'évoluer. Les gens d'un certain âge ont tendance à s'accrocher à leurs habitudes. Minette nous a obligés à changer pas mal de choses. Et c'est bien.

En même temps, les chats sont des animaux routiniers. Ils font certaines choses à des heures déterminées de la journée ; on dirait presque des rituels. Minette se réveille aux petites heures du matin et sort par la chatière. Nous n'avons aucune idée de ce qu'elle fait dehors, à part les fois où elle revient avec une souris, ce qui, Dieu merci, est finalement exceptionnel. Vers six heures et demie, lorsque nous nous levons, elle ne tarde jamais à faire son apparition, à se frotter à nos jambes et à ronronner. Elle veut nous saluer et prendre son petit déjeuner, et elle ne tolère aucun écart. Le matin, elle a faim.

Puis elle s'absente un moment, sans doute pour faire ses besoins, mais elle est bientôt de retour. Pendant la saison sombre et froide, elle se réfugie volontiers sur un rebord de fenêtre, au-dessus d'un radiateur. Elle peut y rester longtemps à observer les alentours, très paisible, plus ou moins comme on se plonge dans ses pensées en admirant un beau paysage. Ensuite, elle vient s'installer dans le panier sur le rebord de la fenêtre de mon bureau. Elle fait sa toilette, s'enroule sur elle-même, s'endort.

Si nous nous activons à la cuisine ou si nos petits-enfants nous rendent visite, elle se réveille promptement : quelque chose de passionnant s'est-il produit ? Des aliments sortant de l'ordinaire seraient-ils disponibles ?

Si nous la laissons seule pendant plusieurs heures pour faire des courses ou une promenade, en règle générale, elle réagit dès qu'elle entend la clé dans la serrure. Souvent, elle est derrière la porte avant même que nous n'ayons eu le temps de l'ouvrir.

En début de soirée, elle sort à nouveau dans le jardin. Vers minuit, elle est de retour sur le lit de sa maîtresse. La journée est finie.

Bien sûr, cette routine est susceptible d'être modifiée s'il se passe quelque chose de particulier, mais en principe son rythme quotidien ne varie guère, ce qui me convient très bien. Comme la plupart des écrivains de ma connaissance, je m'impose une certaine discipline. Celui qui n'a ni chef ni obligations à l'extérieur ou avec autrui doit structurer ses journées lui-même. Se contenter d'attendre l'inspiration paie rarement. On dit que l'appétit vient en mangeant, et pour moi, l'inspiration, quand elle se présente, le fait quand je travaille. Je m'installe donc devant mon ordinateur tout de suite après le petit déjeuner, m'efforce d'y rester jusqu'au déjeuner et y reviens un moment pendant l'après-midi. Mes heures de travail les plus productives coïncident souvent avec celles que Minette passe dans son panier. Nous nous tenons compagnie et les habitudes de Minette renforcent les miennes.

Malgré cette proximité qui existe entre nous, il y a toujours une distance, que parfois je déplore, parfois j'apprécie. Minette n'est pas du genre à faire la sieste sur mes genoux, mais ma sœur, plus expérimentée en matière d'animaux familiers, affirme qu'elle le deviendra en vieillissant. Il est vrai que j'aimerais qu'elle soit plus câline, mais je ne voudrais pas pour autant qu'elle devienne trop dépendante de nous. Cela rendrait les choses encore plus pénibles lorsque nous devons la laisser seule plusieurs jours.

Au début, Minette se crispait dès que nous la soulevions ; désormais, elle y a pris goût. Le plus souvent, quand je la prends dans mes bras et la caresse, elle me montre son ventre en ronronnant. Ce spectacle est presque irrésistible.

Parfois, elle est déterminée à se soustraire à nos câlins. Parmi ses cachettes favorites, il y a un matelas sous un lit dans notre chambre d'amis et un couffin qui a accueilli nos enfants et nos petits-enfants, mais qui est désormais rangé tout en haut d'une étroite mezzanine. Il y a aussi l'étagère supérieure de la penderie de l'entrée. Pour y accéder, il lui faut grimper le long d'un mât vertical, jouer les équilibristes sur les vêtements accrochés aux cintres, puis se couler dans un espace exigu entre deux montants de l'étagère où nous rangeons les bonnets, gants et autres accessoires. Mais elle y monte et en descend sans difficulté. Nombre de ses cachettes ont un point commun : il est difficile de l'y repérer sans fournir d'importants efforts, tels que monter sur une chaise ou une échelle. Elle cherche la paix et s'en donne les moyens.

Les chats ne considèrent rien comme acquis. Le sentiment de sécurité qu'éprouve Minette à notre égard n'est pas total. Elle a parfois encore peur lorsque nous arrivons d'une manière brusque. De mon côté, je continue à me demander si elle n'a pas disparu pour toujours quand cela fait un moment que je ne l'ai pas vue.

Heureusement, au fil du temps, la confiance entre nous a grandi. Quand, après plusieurs heures de séparation, elle frotte sa tête contre nos jambes, c'est une manière de nous saluer. C'est ainsi du moins que je l'interprète. Elle a même pris l'habitude de venir lorsque je la siffle, pas tout de suite, mais au bout de quelques minutes.

En s'installant chez nous, Minette n'a pas seulement obtenu le gîte et le couvert, elle a aussi fait carrière en tant que chatte domestique et donc administrée. Dans un pays policé comme la Suède, les chats font l'objet d'enquêtes étatiques.

La manière dont ils sont considérés par les enquêteurs dépend de la nature de leurs relations avec les hommes. À une extrémité du paradigme, on trouve les luxueux chats de race, des produits onéreux d'une sélection consciente, qui les a transformés en objets d'apparat que leurs propriétaires peuvent exposer pour éventuellement gagner des prix. À l'autre extrémité, il y a le chat de ferme errant, dont personne ne se soucie et qui assure sa reproduction sans intervention humaine et avec beaucoup de succès. Certains de ces chats sans maître ont été abandonnés ou se sont égarés ; d'autres sont nés en liberté d'une mère sans maître. Nous ne saurons jamais laquelle de ces situations Minette a connue.

Aux yeux du bon citoyen, le chat sans maître est la lie de la gent féline, une espèce de « bohémien » du monde animal, avec qui on ne sait jamais à quoi s'attendre. À l'instar de ces « citoyens problématiques », comme on qualifiait jadis « les bohémiens », les chats errants se reproduisent de manière incontrôlée. Ils peuvent par ailleurs poser un problème sanitaire ; ils urinent et défèquent dans des endroits peu opportuns et leur vie sexuelle indiscrète peut perturber le sommeil des personnes sensibles, surtout au printemps. En outre, ces prédateurs contribuent à la disparition d'espèces vulnérables. D'autant que, constate l'enquêteur assermenté, il ne suffit pas de les nourrir à leur faim, car leur instinct les pousse à chasser, même lorsque leur estomac est plein. Oui merci, nous savons ! Ce n'est pas à cause de la faim que notre Minette gâtée rentre la nuit avec des souris.

Le plus dérangeant, toutefois, est que ce sous-prolétariat du monde animal connaît un sort peu enviable. Ces minous affamés sont si maigres qu'on voit leurs côtes. Leur fourrure grouille de puces et de poux. Ils sont porteurs de tout un tas de maladies, qu'ils peuvent transmettre à des congénères mieux soignés et, dans le pire des cas, aux hommes. Ceci est particulièrement vrai pour les parasites internes.

Au regard des intérêts de l'homme, de l'environnement et des chats, il est nécessaire que la société intervienne. On ne peut se contenter de rester les bras croisés. Différentes solutions ont été essayées. L'une d'elles était un programme de stérilisation : on capture les chats, on les stérilise, puis on les relâche. C'est ainsi qu'on a procédé au Danemark. Les progrès ont été modestes. Pour que le nombre de chats errants diminue, il faut réussir à en stériliser au moins les trois quarts, et on parvient rarement à en attraper autant. Il existe une « solution plus définitive » : mettre la main sur ces bêtes et les tuer, une espèce d'Auschwitz des chats errants.

En Suède, nous nous montrons plus prudents. Si la police attrape un chat soupçonné d'être errant, le propriétaire a dix jours pour se faire connaître. Ensuite, l'animal devient la propriété de la police, qui peut choisir de le vendre ou de l'euthanasier. Voyez quel sort aurait pu être celui de Minette si elle n'avait réussi à se faire une place dans notre cœur.

Désormais, Minette a été promue au statut de chat domestique. Elle a un nom et, à l'instar des chats de bonne famille, une puce avec un numéro d'identification. Sur le registre, il est indiqué qu'elle nous appartient. En outre, elle a été stérilisée en bonne et due forme, une mesure que les autorités recommandent pour les chats qui vadrouillent dehors.

Par ailleurs, Minette n'est pas sans droits. Comme elle nous appartient, nous sommes responsables d'elle : si nous ne nous acquittons pas des soins qu'un chat doit recevoir, cela peut nous valoir des problèmes avec les autorités. Minette est, à défaut d'une citoyenne, du moins un membre de la société suédoise, avec tout ce que cela implique d'attention. Et même, elle est un chat exemplaire, à l'image de ce que les autorités vigilantes souhaitent. Nous n'attendons plus que « l'impôt chat ».

Minette a changé depuis notre rencontre. Nous trouvons qu'elle a mûri, tant sur le plan mental que physique. Elle n'a pas perdu son envie de jouer, mais elle est devenue plus adulte et plus assurée. La petite chatte glacée et affamée qui avait trouvé un refuge incertain dans mon panier de jardinage a laissé place à un chatte domestique sûre d'elle. C'est maintenant une dame avec ses habitudes. Parfois, on dirait presque qu'elle constate avec plaisir que sa maîtresse et son maître sont bien dressés et se comportent comme il faut à son égard. Et elle a indéniablement raison. Si nous avons hérité d'un chat, elle a pour sa part récupéré un couple « de courtisans » dociles.

Physiquement, elle a grandi, mais n'a pas grossi. Elle prend ses repas avec mesure et a conservé sa souplesse de jeune chatte. Même s'il est vrai qu'elle fait volontiers un détour par une chaise quand elle doit monter sur le plan de travail où l'attend sa gamelle. Cependant, l'instant d'après, elle grimpe à la vitesse de l'éclair dans un arbre. C'est la paresse et non le surpoids qui la pousse à choisir le crochet par la chaise. Pourquoi se fatiguerait-elle sans nécessité ?

Minette est un incontournable de notre vie, et nous de la sienne. Elle est désormais dépendante des soins que nous lui donnons, comme nous sommes dépendants de la vitalité qu'elle nous insuffle. Elle nous fait faire de l'exercice quand nous jouons avec elle, la cherchons ou essayons de nous débarrasser des souris qu'elle a capturées. Elle nous fait rire, ce qui est censé doper notre espérance de vie. Surtout, elle requiert notre attention, ce qui est peut-être aussi important que d'en recevoir. Enfin, elle stimule notre réflexion. Pour moi, c'est devenu un défi philosophique que d'essayer d'appréhender son monde. On cherche toujours à comprendre ses proches. Même lorsqu'il s'agit d'un chat.

Nous – la chatte, mon épouse et moi – avons donc l'intention de continuer à vivre ensemble. C'est une entreprise au long cours, car les chats peuvent vivre quinze ans. Il est d'ailleurs tout à fait possible que Minette nous survive à tous les deux. Cette idée a quelque chose de séduisant. Je m'imagine bien mourir dans mon lit avec Minette à proximité. Nous avons atteint ce degré d'amitié. Il y avait un chat dans la maison de retraite où ma mère a passé ses derniers jours. Elle appréciait beaucoup sa présence.

Les lecteurs ont aimé !

« Une jolie petite histoire d'amour entre un chat et son maître qui met du baume au cœur. »

Tatiana, @beingsomewhere

« Cette œuvre m'a tout de suite charmée. Je recommande cette lecture toute douce comme le pelage de nos incroyables compagnons les plus fidèles. »

Joanna, @joanna_in_books_wonderland

« Ce petit livre est adorable et irrésistible, plein d'esprit et drôle. Écrit dans un style sincère, les souvenirs de Nils avec Minette séduiront les amoureux des chats qui reconnaîtront les petites nuances et particularités qu'elle apporte à la maison du professeur à la retraite. »

Séverine, @sevetseslectures

« J'ai été attendrie par le récit de ce vieil homme qui nous raconte sa relation avec son chat, leur histoire partagée. Tendresse, complicité et véritables réflexions : la présence d'un compagnon à quatre pattes révèle bien plus que de simples anecdotes de vie. »

Lucie, @entre_les_lignes_de_lucie

« J'ai adoré ce roman autobiographique. Un récit doux et intimiste où le quotidien s'écoule au rythme des facéties du petit compagnon à quatre pattes. C'est drôle et délicieusement attendrissant. »

Sarah, @lectures.de.sarah

Certifié PEFC
Ce produit est issu de forêts gérées durablement et de sources contrôlées.
PEFC™
10-31-3068
pefc-france.org

Cet ouvrage est composé de matériaux issus
de forêts gérées durablement certifiées PEFC™.
Le Programme de reconnaissance des certifications forestières (PEFC™)
est le plus grand organisme mondial indépendant
de contrôle pour une gestion durable des forêts.
Pour en savoir plus, consultez le site www.pefc-france.org

Achevé d'imprimer en août 2024
par Novoprint
Dépôt légal : septembre 2024
Imprimé en Slovaquie